부모라는 이름

부모의 뇌를 치유해야 아이의 뇌가 달라진다

부모라는 이름

초판 1쇄 발행   2021년 2월 15일

지은이   도모다 아케미
옮긴이   김경인
출판기획   마인더브
등록   2018년 3월 27일 (제307-2018-15호)
펴낸곳   경원북스
주소   서울시 광진구 아차산로 375(B1, 105호)
전화   02-2285-3999
팩스   02-6442-0645
인쇄   두경M&P
이메일   kyoungwonbooks@gmail.com

ISBN 979-11-89953-17-1 (03180)
정가 13,000원

잘못된 책은 본사나 구입하신 서점에서 교환해 드립니다.

신저작권법에 의해 한국 내에서 보호받는 저작물이므로 저작권자의 서면 허락 없이 이 책의 어떠한 부분이라도 전자적인 혹은 기계적인 형태나 방법을 포함해서 그 어떤 형태로든 무단 전재하거나 무단 복제하는 것을 금합니다.

부모라는 이름

부모의 뇌를 치유해야
아이의 뇌가 달라진다

도모다 아케미 지음 ─ 김경인 옮김

마인더브

아무도 구하지 못한 생명

"아빠가 저를 무섭게 때려요. 한밤에 자고 있으면 일어나라고 때
리고, 깨어 있으면 발로 걷어차고 마구마구 때려요. 선생님, 제발
살려주세요."

2019년 1월, 치바현 노다시에 거주하던 쿠리하라 미아 양(10세)
이 자택 욕실에서 사망한 채로 발견되었다. 사인은 극도의 영양
실조와 스트레스였다. 며칠 전부터 충분한 수면과 식사를 취하
지 못했고, 사건 당일에도 아침부터 줄곧 벌을 선 모양이었다.
한겨울 추위 속에 달랑 속옷 한 장 걸친 채 차디찬 물을 머리부
터 온몸에 수차례 뒤집어썼다고 했다.

미아 양의 몸에는 일상적으로 신체적 폭력을 당한 흔적들이 남아 있었는데, 그 대부분은 복부, 가슴 등 옷으로 가려져 눈에 잘 띄지 않는 부위에 집중되어 있었다. 사망 직후 이루어진 조사에서 아버지가 여러 해 동안 미아 양을 학대해왔다는 사실과 그런 아버지의 학대를 미아 양이 초등학교 설문조사 때 직접 언급하며 살려달라고 호소했다는 사실이 밝혀졌다. 앞에 인용한 세 문장이 바로 그것이다.

"훈육을 위해서 그랬다!"

수사에서 미아 양의 아버지가 한 말이다. 훈육을 위해서라면 무슨 짓을 해도 용서받을 수 있단 말인가? 그래서 자기 자식에게 그토록 잔인한 짓을 해왔다는 말인가?

이어진 사건 조사를 통해 아버지의 온갖 잔혹하기 짝이 없는 학대행위뿐 아니라 옆에서 엄마가 폭력을 지켜보면서도 제대로 막아주지 못했다는 사실, 학대사실을 알고도 아동상담소가 제대로 개입하지 못했다는 사실도 밝혀졌다.

매주 1명 이상의 아이가 학대로 죽는다

미아 양 사건이 발생하기 약 1년 전인 2018년 3월, 도쿄도 메구로에서 후나토 유아 양(5세)이 학대로 사망했다. 유아 양은 엄마의 재혼상대인 의붓아버지로부터 지속적으로 폭력을 당했다. 각 언론은 유아 양의 사랑스러운 생전 사진들과 함께 유아 양이 직접 쓴 것으로 보이는 "오늘보다 더, 내일은 더 잘할게요. 그러니 제발 용서해주세요, 용서해주세요, 부탁이에요."라는 메모를 수시로 소개하며 아주 자극적으로 이 사건을 다루었다.

그런데 미디어가 모든 아동학대 사망 사건을 보도하는 것은 아니다. 메구로 사건 발생 이후부터 노다시 사건 발생까지의 약 10개월 동안 아동학대로 목숨을 잃은 아이는 유아 양과 미아 양이 다가 아니었다. 1주일에 평균 한 명 이상의 아이가 학대로 인해 죽는다.

일본 후생노동성이 해마다 발생한 아동학대 사망 사례를 조사한바, 2008년부터 10년 동안 학대 사망한 아동 수는 869명, 연평균 86명에 달한다(자살 포함). 2016년도에 학대 사망한 아동 수는 77명(자살 이외의 학대 사망 49명), 2017년도에는 65명(자살 이외의 학대 사망 52명)이었다. 조사된 수보다 훨씬 많은 아이가 학대 때문에 사망한다고 보는 전문가도 있다.

2016년에 일본소아과학회가 발표한 논문에 의하면, 1년 동안 사망한 아이 중 7%는 학대 사망일 가능성이 있다고 한다. 일본 전역에서 1년 동안 사망한 아동 수가 약 5,000명이라면, 그중 350명은 '학대 사망일 가능성 있음'이고, 그중 150명은 '학대 사망일 가능성이 아주 높음'이라는 것이다. 이 수치는 후생노동성이 공표한 수치를 크게 웃돌고 있다.

일본소아과학회는 의료기관, 아동상담소, 경찰이 서로 간에 정보 공유가 충분하지 않은 점, 각각의 기관이 적용하는 학대 사망의 판단기준이 다르다는 점 때문에 다수의 학대 사망이 간과되었을 수 있다고 분석했다. 우리가 신문이나 텔레비전을 통해 알게 되는 아동학대 사망 사건은 실제로 발생하는 사건 중 극히 일부라고 생각하면 된다. 그리고 아동학대 사망이 이 정도로 존재한다는 사실은 학대를 받고 있는 아이들이 우리가 상상하는 것보다 훨씬 많음을 의미한다.

상담 건수로 보는 학대 피해는 빙산의 일각

일본 후생노동성은 매년 '아동상담소에서의 아동학대상담 대응 건수'를 공표하고 있다. 2019년 8월 1일자 보고에 따르면, 2018년도 상담 건수는 15만 9,850건으로 2017년도의 13만 3,778건보다 크게 증가했다. 통계를 내기 시작한 1990년도의 1,101건에 비하면 30년 새에 약 145배가 증가한 셈이다.

이 숫자는 아동상담소에 의뢰된 상담 건수를 집계한 것으로, 한 아이에 대해 복수 상담이 이루어진 경우 어떻게 처리되는지가 분명하지 않기 때문에 학대를 당한 아이가 15만 9,850명이라고 단언할 수는 없다. 다만 연간 출생아 수가 100만 명을 밑도는 저출산 시대라는 점을 감안할 때, 이 건수는 결코 간과해서는 안 될 수치다.

후생노동성은 상담 건수가 증가한 원인으로 아동보호전문기관에 대한 인지도 향상과 매스컴의 사건 보도에 따른 아동학대에 대한 의식 함양을 들고 있다. 은폐된 학대와 보고도 못 본 척해온 학대가 표면화됨으로써 고통받는 아이들과 고립된 부모를 구원할 기회로 이어졌다.

아동상담소에 의뢰되는 상담 내용의 비율을 살펴보면, '심리적 학대' 관련 상담 건수가 절반을 차지한다. 심리적 학대란 아이에게 행해지는 폭언과 무시 행위 외에도 아이가 보는 앞에서 다른 사람에게 행해지는 폭력행위도 포함한다. 최근에는 경찰이 가정폭력을 수사할 때 아이에게 미칠 영향을 고려하여 아동상담소에 통보하는 경우가 증가하고 있다. 이는 아이를 상처 입히는 행위는 신체적 학대만이 아니라는 인식이 공공기관에 이미 뿌리내리고 있다는 증거라 할 수 있다.

하지만 상담소에 통보하거나 상담에 이르는 경우는 빙산의 일각이다. 학대는 대개 사람들 눈에 띄지 않는 곳에서 행해진다. 요컨대 앞에서 제시한 숫자의 몇 배, 아니 수십 배의 아이들이 지금 이 순간에도 어디선가 치유받지 못할 상처를 입고 있을 가능성이 있다.

부모를 탓하기만 해서는 해결되지 않을 학대 문제

나는 정서발달에 문제가 있는 아이들의 치료와 지원을 위해 소아정신의학과 의사로서 30년간 종사하고 있다. 아동학대가 2000년대 들어 가속도로 증가하고 있음을 현장에서 실감하고 있다. 전국 어느 전문기관이든 몇 개월 치 예약이 꽉 차서 당장 진료 자체가 어려운 실정이다. 이쯤 되면 아동학대는 이미 '사회현상'이 되었다고 해도 과언은 아닐 것이다.

아동학대 사망 같은 가슴 아픈 이야기를 듣고 분노한 대중은 가해자는 말할 것도 없고 아동상담소와 경찰 그리고 교육관계자를 향해 가차 없이 질타를 던진다. 나 역시도 의사이기 전에

한 사람의 인간으로서 말로 표현할 수 없는 슬픔과 분노를 느낀다. 하지만 분노의 감정을 갖는 것만으로는 학대 문제를 해결할 수 없다.

갓 의사가 됐을 무렵에는 부모나 보호자, 때로는 학교관계자(이하 '부모'로 집약하는데, 이는 아이의 양육, 보호, 교육에 관여하는 모든 어른을 포함한다)로부터 큰 상처를 입은 아이를 보면, 내 감정을 조절하지 못하고 진료하는 내내 그 사람들을 탓했다. 그런데 어느 순간, 내 안에 '부모를 향한 시점'이 결여되어 있음을 깨달았다. 어른에게는 아이를 죽음에 이르게 할 정도의 완력과 지능이 있다. 그것을 알면서도 아이를 끝내 다치게 하고 마는 부모의 뇌와 마음에 뭔가 문제가 있음을 추측하기란 어렵지 않다. 자세한 것은 본문에서 다루겠지만, 마음에 상처를 안고 사는 부모를 지원하고 적절한 치료를 하는 것이야말로 아이를 보호하는 길이라고 지금의 나는 확신한다.

부모의 뇌와 마음에 건강을 되돌릴 방법

전작 『아이의 뇌에 상처 입히는 부모들』에서는 부적절한 양육이 아이의 뇌에 미치는 악영향에 대해 다루었는데, 이번 책에서는 아이들과 일상을 보내는 '부모의 뇌'에도 초점을 맞췄다. 이번 책의 부제를 『부모의 뇌를 치유해야 아이의 뇌가 달라진다』로 정한 이유는, 마음에 상처를 안고 있는 부모를 지원하고 치료하는 것이 얼마나 중요한가를 현장에서 절감했기 때문이다.

1장에서는 성장기인 아이의 뇌에 과도한 스트레스가 가해질 때의 뇌 변화와 그 후 심신에 표출되는 증상에 대해 이야기한다. 2장에서는 학대를 받은 경험이 있는 사람이 부모가 되었을 때, 양육의 벽에 부딪혀 자신의 아이를 상처 입히는 '학대의 세대 간 대물림'이라는 문제에 대해 다룬다. 부모의 상처받은 마음이 실제로 어떤 형태로 자녀와의 관계를 위협하는지, 부모와 자녀를 어떻게 치료하는 것이 좋을지에 대해 사례를 통해 상세하게 알아본다. 다만 본문에서 다루는 사례는 개인이 특정되지 않도록 세부 사항의 일부를 각색하였음을 밝혀둔다.

이 책의 메인이라 할 수 있는 3장에서는 학대의 세대 간 대물림을 끊을 방법과 치료법을 최근의 과학적 견해를 토대로 고찰한다. 4장에서는 아이의 건강한 성장과 발달을 위해 뇌 과학 측면에서 무엇을 할 수 있는지를 살펴보고, 부모를 지원하기 위해 우리가 평소 심혈을 기울이고 있는 활동과 최신 연구를 소개한다.

책의 마지막에는 내가 존경하는 스기야마 도시로 아동정신의학과 선생님과의 대담을 게재한다. 발달장애연구의 1인자이며 트라우마 치료의 권위자인 스기야마 선생님에게 아동심리 임상현장의 현실과 부모와 자녀의 병행치료에 대해 귀중한 말씀을 들었다.

이 책을 집필하던 중 가고시마현 이즈미시에서 오즈카 리아라 양(4세) 사망 사건이 발생했고 엄마의 남자친구가 범인으로 체포되었다. 한밤중에 혼자 집 밖에 나와 있는 모습이 여러 차례 목격되어 보호 조치되었고 그때 몸 여기저기에서 폭행 흔적이 확인되었는데도, 학대로 인식하지 못하여 결국 또 하나의 귀한 생명이 지고 말았다. 이즈미시 시장은 기자회견을 열어 '부적절한 대응이었다'며 사죄하였지만, 리아라 양은 다시는 돌아오지 못한다.

나 같은 의사가 할 수 있는 일은 제한되어 있다. 이 책을 집어든 여러분이 아이를 보호하기 위해 어른이 할 수 있는 일을 함께 고민해주길 바랄 따름이다.

·목차·

부모라는 이름 부모의 뇌를 치유해야
아이의 뇌가 달라진다

제1장

정서발달을 저해하는
뇌의 상처

정서발달을 저해하는 뇌의 상처

아동학대는 왜 일어나는가?

아동학대는 인간 이외의 동물에게서도 발견되는 현상이다. 생물학적으로 보면, 번식 성공률을 높이기 위해 새끼를 죽이기도 하고 건강하게 자라지 않을 것 같다고 판단되면 육아 자체를 포기하기도 한다.

일본 국립연구개발법인 이화학(理化学)연구소의 구로다 히로미를 주축으로 구성된 부모지성사회행동 연구팀은 '아동학대는 왜 일어나는가?'라는 의문에 대해 다양한 신경생물학적 각도에서 검토하고 있다. 흥미로운 것은 '왜 학대하는 부모가 있을까?'라는 질문에 답하기 위해서는 '왜 대부분의 부모는 학대하지 않는가'에 대해 이해할 필요가 있다는 관점이다. 이 관점의 개요를 소개하면 다음과 같다.

모유로 자식을 키우는 포유류 중에서 갓 태어난 새끼를 양육하지 않는 종은 존재하지 않는다는 사실을 놓고 볼 때, 진화과정 중 뇌 속에는 '모성적 양육행위를 하는 데 필요한 신경회로'가 존재한다고 할 수 있다. 즉 포유류 부모는 자신의 유전자를 남기기 위해서 자식을 양육하는 것이 아니라 뒤뚱뒤뚱 불안정한 걸음으로 자신을 찾아와 안기는 자식을 보면 돌보고 싶어지는 메커니즘이 뇌 안에 갖추어져 있다는 것이다. 그 때문에 대부분의 포유류 부모는 자식의 생명을 위협하는 행위, 즉 학대는 하지 않는다.

그런데 아이를 죽이거나 육아를 방임하는 포유류가 존재하는 이유는 뭘까? 자녀 양육이 본능적인 행위라 하더라도 아이를 '잘' 키우기 위해서는 양육환경과 경험이 필요한데, 그러한 조건들이 충족되지 못했을 때 학대할 위험이 발생하게 된다.

'신체적 학대'에서 발전한 학대의 개념

본론에 들어가기 전에 '학대'의 개념에 대해 살펴보자. 임상의학 현장에서 피학대아동에 대해 처음 보고된 것은 1946년 미국의 소아방사선과 의사인 존 캐피(John Caffey)에 의해서다. 방사선의료 발달로 그때까지 간과되었던 아동의 골절 흔적이나 내출혈을 발견할 수 있게 된 것이다.

그러다 1962년, 미국 콜로라도대학의 헨리 켐프(Henry Kempe) 교수가 '매 맞는 아이 증후군(battered-child syndrome, 彼虐待兒童症候群)'이라고 명명한 사례를 전미(全美) 소아과학회에 보고했다. 이로써 미국 사회에 '신체적 학대는 특수한 가정에서만 일어나는 일이 아니라 일반가정에서도 발생할 수 있다'는 경종을 울렸다. 미국은 헨리 켐프의 연구발표를 계기로 대규모 조사를 결정했으며 '아동학대(child abuse)'의 정의가 확립되었다. 'abuse'란 'ab(떨어져)+use(사용하다)'의 합성어로, 본래의 길에서 이탈하여 권리나 권력 또는 약물 등을 '활용하다'라는 의미다.

일본에서는 〈아동학대 방지에 관한 법률〉 제2조에서 행위의 내용과 범위를 정의하고 있는데, 후생노동성에서는 더 이해하기 쉽게 4가지로 분류하여 설명하고 있다.

1. **신체적 학대** : 때리는 행위, 발로 차는 행위, 치는 행위, 던지는 행위, 심하게 흔드는 행위, 화상을 입히는 행위, 물에 빠트리는 행위 등

2. **성적학대**: 아이를 대상으로 하는 성적 행위, 성적 행위를 아이에게 보여주는 행위, 포르노그래피의 피사체로 삼는 행위 등

3. **방임** : 집에 가두는 행위, 굶기는 행위, 더러워도 씻기지 않는 행위, 자동차 안에 방치하는 행위, 심하게 아파도 병원에 데려가지 않는 행위 등

4. **심리적 학대** : 말로 하는 위협, 무시, 형제간의 차별 대우, 아이 눈앞에서 가족에게 폭력 행사(가정폭력) 등

'난 여기에 해당하는 행동은 하지 않았어', '나와는 거리가 먼 얘기네'라고 생각하는 사람이 많지 않을까. 그런 이들에게 묻고 싶다. 몇 번을 말해도 듣지 않는다고 신경질적으로 아이를 혼내거나 뭔가를 해달라고 집요하게 졸라대는 아이를 무시하거나 아이 앞에서 남편 혹은 아내에게 악쓰고 욕한 적은 없는가?

부모 또한 감정을 가진 인간이다. 아이에게 언제 어디서나 웃는 얼굴로 너그럽게 대할 수만은 없다. 그럼 그런 행위는 어디까지가 용서되는 일이고 어디부터가 용서 안 되는 학대인 걸까? 그 구분은 정말 쉽지 않다. 중요한 것은 아이에 대한 행위가 '학

대인지 아닌지'를 따지는 것이 아니라 그 행위로 인해 아이가 '상처를 입었는지 아닌지'를 확인하는 것이다.

차일드 멀트리트먼트란?

나는 연구할 때나 진료할 때 '아동학대'라는 표현을 최대한 사용하지 않으려고 애쓴다. 대신 '차일드 멀트리트먼트(child mal-treatment)'라는 표현을 사용한다. 멀트리먼트를 풀어쓰면 'mal(나쁘다)+treatment(다루다)'인데, '부적절한 양육', '부적절한 관계'라는 의미로 해석할 수 있다.

나는 최근 들어 멀트리먼트를 '피해야 할 자녀 양육'이라고 설명한다. 다시 말해 '아이의 몸과 마음의 건강한 성장과 발달을 저해하는 양육'이다. 전작 『아이의 뇌에 상처 입히는 부모들』을 많은 독자가 사랑해준 덕분에, '멀트리트먼트'라는 단어가 일본 사회에 조금씩 침투하기 시작했다.

WHO(세계보건기구)가 2016년 9월에 발표한 평가보고서에서도 18세 미만 아동의 건강과 생존, 발달과 존엄을 위협하는 행위를 'child maltreatment'라고 설명하고 있다. 이 조사는 비교적 최근에 실시된 것임에도 많은 나라로부터 충분한 자료를 얻지 못했다고 전제한 후, 다음과 같은 결과를 보고하면서 '어른의 아이에 대한 멀트리트먼트는 세계적인 문제'라고 지적하였다.

- 성인 4명 중 한 명이 어릴 때 신체적 학대를 당한 적이 있다.
- 여성 5명 중 한 명, 남성 13명 중 한 명이 어릴 때 성적 학대를 당한 적이 있다.
- 아동학대는 생애에 걸쳐 신체적·정신적 건강을 해치며 그 결과 나라의 경제적·사회적 발전을 지연시킨다.

"학대와 멀트리트먼트는 어떻게 다른가요?"라는 질문을 자주 받는다. 두 단어는 거의 같은 의미라고 생각해도 무방하다. 학대와 멀트리트먼트 중 어느 쪽이 더 큰가를 부등호로 나타낼 수 있는 것도 아니고, 멀트리트먼트이기에 용서받는다는 것은 더더욱 아니다. 강자인 어른이 약자인 아이에게 하는 행위라는 것을 고려할 때, '학대'라는 단어가 갖는 강렬한 이미지 때문에 '나랑은 상관없는 일'로 치부하고 남의 일이라고 외면할 가능성이 있다. 그 때문에 나는 '학대'라는 말을 피하고 '멀트리트먼트'라는 표현을 사용하고 있다.

멀트리트먼트가 전혀 존재하지 않는 가정이나 교육현장은 드물지 않을까. 나 역시 두 딸에게 상처를 주는 행위를 한 경험이 있다. 문제는 사소한 멀트리트먼트라고 가벼이 여기고 그 행위를 '계속' 반복하는 것이다. 이를 개선하지 않으면 심각한 사태로 악화될 우려가 있다.

멀트리트먼트로 인해 변형하는 아이의 뇌

갓 태어난 아기의 뇌 무게는 400g 전후다. 2년 후에는 그 두 배가 되고 10살 무렵이 되면 어른과 같은 1,400g 정도가 된다. 이때까지 가능한 한 많은 경험을 하게 하여 뇌에 양질의 자극을 많이 주자는 내용의 육아서를 곧잘 볼 수 있는데, 뇌 과학적으로도 일리가 있는 말이다.

그런데 성장기에 과도한 스트레스, 즉 심한 멀트리트먼트를 지속적으로 받으면 뇌는 어떻게 될까? 내가 마틴 테이처(Martin Teicher, 하버드대학교 의과대학 정신의학과 교수이자 매사추세츠주 매클린병원 발달생물학적 정신의학과학연구 프로그램 책임자) 교수와 함께했던 연구에서 '멀트리트먼트로 주어진 고통에 적응하기 위해 뇌는 스스로 변형한다'는 사실이 밝혀졌다.

"뇌가 변형한다고? 무슨 말이지?"라고 되묻는 사람이 대부분일 것이다. 여기서 '변형'이란 구체적으로는 뇌의 특정 영역이 위축되거나 비대해지는 것을 가리킨다. 그런데 문제는 변형으로 인해 뇌 기능에 변화가 생겨 아이의 건전한 발달이 저해될 뿐 아니라 평생에 걸쳐 마음의 병이 발현되기 쉽다는 사실이다.

지금까지는 피학대아(보호자나 양육자에게 반복적으로 신체적 학대를 받는 아이)의 마음 문제는 정신적·사회적 발달이 미비해서 발생하는 문제라는 인식이 지배적이다 보니 사회심리학적 발달 측면에서 접근하는 경우가 많았다. 그런데 뇌의 구조와 기능에 착안하여 연구를 추진하자 새로운 사실들이 발견되었다. 놀랍게도 멀트리트먼트의 '종류'에 따라 '손상을 입는 뇌의 부위'가 달라졌다. 멀트리트먼트가 뇌의 어느 부분에 어떤 손상을 입히는지 간단히 살펴보자.

체벌로 인해 위축된 '전두전야'

어린 시절 과도한 체벌을 장기간 경험한 그룹과 그렇지 않은 그룹으로 나누어 대뇌피질의 용적을 조사한 결과, 체벌을 경험한 그룹에서 '전두전야'(그림1-1)의 위축 현상을 발견할 수 있었다.

대뇌 앞부분에 있는 전두전야는 감정, 사고, 행동을 관장하는 영역이다. 기억을 담당하는 '해마'나 감정을 처리하는 '편도체'(그림1-2)를 컨트롤하고, 위험을 감지하는 편도체가 과잉반응을

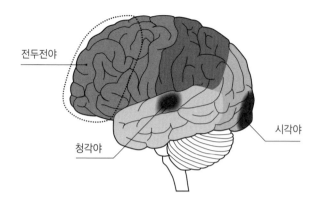

전두전야

청각야

시각야

그림1-1 인간의 대뇌피질

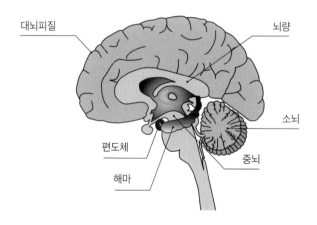

대뇌피질

뇌량

소뇌

편도체

중뇌

해마

그림1-2 뇌의 구조(종단면도)

하지 않도록 제어하는 곳이 바로 전두전야다. 이 부위가 위축되면 본능적인 욕구나 충동을 제어하기 어렵다.

성적 멀트리트먼트나 가정폭력 목격에 의해 위축된 '시각야'

성적 멀트리트먼트를 계속 당하면 후두엽에 있는 '시각야'(그림 1-1)의 용적이 감소한다. 시각야는 사물 인지뿐 아니라 영상의 기억 형성과도 관련이 있는 곳이다. 이 부분의 용적이 감소했다는 것은 '시각적인 기억용량이 감소했음'을 의미한다. 연구에서는 시각에 의한 기억력을 측정했다. 그 결과 시각야의 용적이 작은 사람일수록 기억력이 떨어진다는 것을 알 수 있었다.

시각야에서는 시각에 따른 감정처리도 이루어지고 있는데, 싫은 기억을 떠올릴 때마다 신경이 활성화된다. 따라서 고통을 수반하는 기억을 반복적으로 불러내지 않도록 시각야의 용적이 감소했다고 추측할 수 있다.

또 검사를 받은 사람 모두가 오른손잡이였는데, 좌우뇌 중에서 좌뇌 쪽 시각야의 용적이 감소한 경향이 강하게 나타났다. 오른손잡이의 경우, 오른쪽 시각야는 '사물의 전체상'을, 왼쪽 시

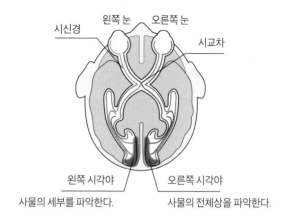

시신경　　왼쪽 눈　오른쪽 눈　　시교차

왼쪽 시각야　　　오른쪽 시각야
사물의 세부를 파악한다.　　사물의 전체상을 파악한다.

그림1-3 　대뇌피질의 후두엽에 있는 시각야

각야는 '사물의 세부'를 파악하는 기능을 한다(그림1-3). 왼쪽 시각
야가 작아졌다는 것은 보고 싶지 않은 광경이 사소한 부분까지
안 보이도록 '무의식 하의 적응'이 실현된 것이라고 볼 수 있다.

　멀티트리트먼트와 아이의 뇌 기능 관계를 조사하던 중 무엇보
다 놀라운 결과는 '부모의 싸움을 목격함으로써 겪는 뇌의 변
화'다. 아이에게 직접적인 상처를 주는 행위는 아니더라도 폭력
이 존재하는 가정에서 자란 아이는 시각야가 위축되고 만다. 이
뿐만 아니라 혈류가 증가하여 시각야가 과민해지고 활동이 과
해졌다. 나이별로 보면 11세~13세에 가정폭력을 목격했을 때
시각야에 가장 많은 영향을 받았다.

폭언에 따라 비대해진 '청각야'

청각야(그림1-1)는 언어와 관계된 영역으로, 타인과의 대화를 원활하게 하는 역할을 담당하고 있다. 심하게 소리치거나 위협하고 모욕하는 등 폭언 멀트리트먼트를 당하면 좌뇌 측두엽에 있는 청각야의 일부인 '상측두회 회백질'이라 불리는 곳의 용적이 비대해진다. 뇌에 미치는 손상 정도 차이는 다음과 같다.

- 부모 모두의 폭언 > 부모 중 한쪽의 폭언
- 어머니의 폭언 > 아버지의 폭언

부모 중 어느 한쪽의 폭언보다 양쪽 모두의 폭언이, 아빠의 폭언보다 평소 아이와 접하는 시간이 많은 엄마의 폭언이 아이의 뇌에 미치는 영향이 더 크다. 또 폭언의 정도가 심각할수록, 빈번할수록 뇌에 가해지는 손상은 커진다.

청각야가 비대해지는 메커니즘은 이렇다. 아이의 뇌는 2세 무렵까지 정보 전달을 위한 신경세포(뉴런)끼리의 접합부인 '시냅스'가 무서운 속도로 만들어진다. 시냅스가 무성하게 자란 채로 있다가는 신경 전달이 효율적으로 이루어지지 않기 때문에, 성장 과정 중 뇌에서는 나뭇가지를 쳐내는 전정과 같이 시냅스를 자르고 다듬는 작업이 이루어진다. 그런데 이런 중대한 시기에 언어폭력을 반복적으로 당한다면, 시냅스 전정 작업이 제대로 진행될 수 없다. 결과적으로 뇌 안의 시냅스는 마치 밀림과도 같아져서 청각야의 용적이 증가하게 된다.

청각야가 비대해지면 타인과 대화할 때 뇌에 불필요한 부하가 걸려 심인성 난청이 와서 정서불안 상태가 되기도 하고, 사람과 관계를 갖는 것 자체를 두려워하게 되기도 한다.

〈그림1-4〉는 전두전야, 시각야, 청각야에 미치는 영향을 정리한 것이다.

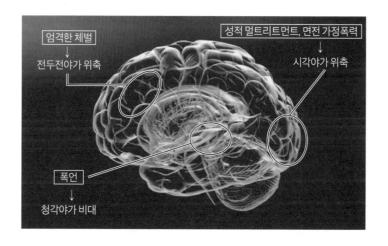

그림1-4 멀트리트먼트가 뇌에 입히는 손상

유소아기의 멀트리트먼트 경험으로 위축된 '해마'

뇌의 다양한 영역 중에서도 특히 스트레스에 약하다고 알려진 것이 '해마'(그림1-2)다. 해마와 멀트리트먼트의 관계에 대해서는 아주 많은 선행연구가 있으므로 여기에서 함께 다루도록 한다.

해마는 대뇌에서 보내오는 정보를 처리하고 그것을 토대로 기억을 형성하는 역할을 하는데, 감동이나 흥분과 같이 강한 정서와 연관된 기억과 깊은 관계가 있다고 알려져 있다. 해마에는 스트레스호르몬인 '코르티솔'의 수용체(자극을 받아들이는 구조)가 다른 어떤 뇌 영역보다 크게 분포되어 있다. 신장 위에 있는 부신피질에서 코르티솔이 적당하게 분비됨으로써 건강이 유지된다. 코르티솔이 대량으로 분비되면 뇌 안의 신경세포에 직접 작용하여 손상이 가해질 수 있다.

예컨대 아이가 멀트리트먼트 같은 강한 스트레스에 노출되면, 코르티솔의 농도가 올라가고 해마의 신경세포가 손상을 입게 된다. 특히 3~5세의 유아기에 심한 정신적 스트레스를 받으면 해마가 위축되고, 그 결과 학습능력과 기억력 저하를 초래할 가능성이 있다.

해마는 천천히 발달하기 때문에 위축 같은 '변형'이 나타나는 시기가 비교적 늦다는 특징이 있다. 선행연구에 따르면 어릴 때 멀트리트먼트를 경험하면 성인이 된 후에 좌뇌의 해마가 축소하는데, 멀트리트먼트를 당한 기간이 길수록 축소 정도가 크다는 결과가 나왔다.

'소뇌충부'의 손상이 초래하는 마음의 병

소뇌의 중심에는 '충부'라고 불리는 부위(그림1-5)가 있다. 최근 소뇌충부가 양극성 장애, 통합실조증(조현병), 자폐 스펙트럼 장애(ASD), 주의력결핍 과잉행동장애(ADHD) 등의 증상과 깊은 연관이 있다는 사실이 밝혀졌다.

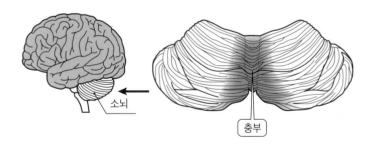

그림1-5 좌측 면에서 본 소뇌의 위치(좌)와 뒤에서 본 충부의 겉모습(우)

소뇌충부는 대뇌 안쪽에 있는 기억과 자율신경을 담당하는 변연계의 전기적 활성(electrical activity)을 조정하는 역할을 한다. 소뇌충부가 활성화함으로써 해마나 편도체의 과잉반응을 제어한다. 또 신경전달물질인 노르아드레날린과 도파민의 생산과 분비의 제어에도 관여하는데, 제어가 제대로 안 되면 앞서 언급한 증상들의 원인이 될 가능성이 있다.

소뇌충부는 해마와 마찬가지로 스트레스에 아주 약한 부위라서, 멀트리트먼트에 영향을 받아 마음의 병을 일으키기 쉽다. 게다가 변연계의 흥분이 높아지거나 해마가 변형하거나 하는 악영향이 나타날 수도 있다.

복수의 멀트리트먼트가 뇌에 미치는 심각한 영향

한꺼번에 복수의 멀트리트먼트를 경험하면 뇌에 미치는 손상이 심각해지리라는 것은 쉽게 예측할 수 있다. 마틴 테이처 연구팀의 또 다른 연구에 따르면, 한 사람이 둘 이상의 인격을 가지는 정신질환 '해리성 장애'(50쪽 참조)를 비롯해 트라우마 반응(외상체험에 의한 정신적 장애)이 가장 심했던 것은 다음과 같은 조합이었다.

'부모 간의 가정폭력 목격'+'폭언의 멀트리트먼트'

다시 말해 신체적인 멀트리트먼트를 받은 아이보다 부모 간의 가정폭력을 목격하고 언어를 통한 멀트리트먼트를 경험한 아이의 상처가 훨씬 심각했다는 것이다.

단독의 멀트리트먼트를 당하면 앞서 소개한 대뇌의 시각야, 청각야 같은 감각야에 미치는 손상이 현저하지만, 복수의 멀트리트먼트를 한꺼번에 당하면 해마와 편도체까지도 심각한 손상을 입는다는 것이 명백해졌다.

멀트리트먼트로 좌우뇌의 발달이 달라진다

어린 시절 멀트리트먼트를 경험하면 좌뇌와 우뇌의 발육에 큰 차이가 발생한다는 사실이 마틴 테이처 교수의 연구로 밝혀졌다. 멀트리트먼트를 경험한 아이 15명과 경험하지 않은 아이 15명의 좌우뇌 크기를 조사하였다.

멀트리트먼트를 경험한 아동 15명은 모두 오른손잡이였다. 오른손잡이는 뇌의 좌측이 발달하기 때문에 좌뇌가 더 큰 것이 일반적이다. 그런데 멀트리트먼트를 경험한 아동의 좌뇌는 우뇌보다 작다는 결과가 나왔다. 멀트리트먼트를 경험하지 않은 그룹과 비교했을 때 우뇌에는 큰 차이가 없었다는 점에서 멀트리트먼트를 경험한 아동의 좌뇌 발달이 크게 뒤쳐져 있음을 알 수 있다.

좌우뇌 발달의 차이에 대한 검증을 좀 더 심화하기 위해, 테이처 교수와 같은 연구실의 프레드 시퍼(Fred Schiffer)는 사람이 기억을 떠올릴 때 뇌의 어느 부분이 작용하는가를 조사하였다. 구체적인 방법은 이렇다.

아동기에 멀트리트먼트를 당하며 자란 어른과 그렇지 않은 어른에게 '즐겁지도 괴롭지도 않은 기억(중립 기억)'과 '어린 시절의 힘든 기억'을 각각 떠올려보게 하였다. 그리고 뇌의 활동부위의 혈류가 어떻게 변하는지를 측정하는 fMRI(functional magnetic resonance imaging,기능적 자기공명영상)라는 방법을 이용해 조사하였다.

아동기에 멀트리트먼트 경험이 없는 어른은 중립 기억이든 힘든 기억이든 상관없이 좌뇌와 우뇌를 비등하게 사용하여 기억을 떠올렸다. 반면 아동기에 멀트리트먼트 경험이 있는 어른은 중립 기억을 떠올릴 때는 좌뇌를, 아프고 힘든 기억을 떠올릴 때는 우뇌를 사용한다는 사실을 알게 되었다(그림1-6).

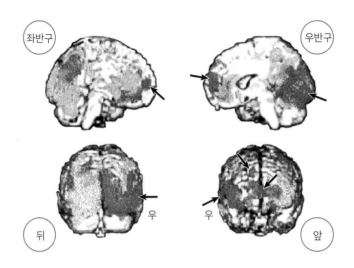

그림1-6 화살표가 가리키고 있는 진한 부분은 혈류의 증가를 나타낸다.
멀트리트먼트 경험자는 힘든 기억을 떠올릴 때 우뇌를 사용한다.

우뇌는 공간정보의 처리와 더불어 부정적인 정서를 처리한
다. 멀트리트먼트를 경험한 사람은 그 힘든 기억을 우뇌에서 처
리하기 때문에 기억을 떠올릴 때 우뇌가 크게 작용한다. 그리고
무서운 경험을 했을 때의 부정적인 감정을 기억하기 때문에 우
뇌의 역할이 활성화된다. 그러므로 우뇌는 좌뇌처럼 발달이 지
연될 일이 없다.

어린 시절에 겪은 멀트리트먼트는 좌우뇌가 효율적으로 작용
하지 못하는 원인이 되고, 심하면 '경계성 성격장애'(51쪽 참조)가 발
현될 수도 있다.

남자아이는 방임, 여자아이는 성적 멀트리트먼트로 '뇌량'이 위축된다

좌우뇌를 잇는 역할을 하는 영역을 '뇌량'(그림1-2)이라고 한다. 뇌량에 이상이 생기면 좌우뇌의 정보 전달이 제대로 안 되어 뇌 발달에 악영향을 미치게 된다.

어릴 적 경험이 뇌량의 발달에 영향을 미친다는 사실은 붉은 털원숭이 연구에서도 확인되었다. 미국 에모리대학 영장류연구 센터의 머 산체스(Mar Sanchez) 교수는 생후 2~12개월 된 붉은털원 숭이를 부모에게서 분리해 키운 후 뇌를 MRI(자기공명영상)로 확인한 결과, 부모에게서 자란 그룹에 비해 뇌량의 뒷부분이 현저하게 위축되어 있음을 알게 되었다. 그뿐만 아니라 뇌량의 용적이 작 아질수록 인지능력(이해와 판단에 관여하는 지적기능)이 저하됨도 확인하였다.

마틴 테이처 교수팀이 2004년에 실시한 연구에 따르면, 방임 을 포함한 멀트리트먼트를 경험한 아이의 뇌량은 그렇지 않은 아이의 뇌량에 비해 위축되어 있음을 밝혀냈다. 특히 남자아이 의 뇌량에 그 영향이 현저하게 나타났고, 뇌량 중앙 부분의 크기 가 감소해 있었다. 한편 여자아이의 경우, 뇌량 중앙 부분의 크기 감소와 가장 깊은 연관성이 있는 것은 성적 멀트리트먼트였다.

마음의 병을 중증으로 만드는 성적 멀트리트먼트

아이의 심리적 질환을 아주 심각하게 만든다는 점에서 간과해서는 안 되는 것이 성적 멀트리트먼트다. 장기간에 걸쳐 치료를 지속해도 회복의 징후가 좀처럼 나타나지 않는다면, 아이의 과거 어느 시점에서부터 현재까지 마음의 병의 원인이 되는 멀트리트먼트가 복합적으로 존재하고 있을 가능성이 높다. 그중에서도 성적 멀트리트먼트가 은폐되어 있을 경우가 많다는 게 전문가들의 의견이다.

내가 근무하는 후쿠이대학 의학부부속병원 아동심리진료부에서는, 몸과 마음에 이상이 생겨서 진료를 받으러 온 아이를 치료할 때 가장 먼저 성장과정과 양육환경에 대해 부모와 아이로부터 가능한 한 상세하게 듣는다. 치료라고는 해도 처음 만난 의사에게 가족문제나 개인적인 일을 털어놓기란 누구라도 거부감이 들기 마련이므로 문제의 근원을 찾는 일은 생각보다 훨씬 어렵다.

그중에서도 문제의 근원을 가장 발견하기 어려운 경우는 성적 멀트리트먼트가 관여되어 있을 때다. 나이가 어릴수록 자기 몸에 벌어진 일을 제대로 전달하기 어렵다. 어느 정도 나이를 먹고 자신이 당하고 있는 행위가 옳지 못하다는 것을 알게 되더라도, '나한테 문제가 있기 때문'이라는 자책으로 결국 말 못 하고 숨기기 일쑤다.

부모가 무서워서 누구에게도 말 못하는 아이도 있고, 부모를 보호하기 위해 침묵으로 일관하는 아이도 있다. 그렇게 되면 눈에 띌 만한 흔적이 몸에 나타나지 않는 한, 주변 사람들이 아이의 상황을 알아채기란 불가능하다.

내가 진료했던 환자 중에도 처음에는 성적 멀트리트먼트를 부정하다가 몇 차례 치료가 거듭되는 동안 편지로 진실을 밝힌 소녀가 있었다. "아빠, 엄마에게는 비밀로 해주세요"라는 조건을 달며 힘겹게 전해준 편지에는, 아버지로부터 지속해서 성적 멀트리트먼트를 당하고 있다는 사실이 적혀 있었다.

성적 멀트리트먼트는 아이의 뇌와 마음에 깊은 상처를 남긴다. 우리 어른은 이런 사실을 분명히 인식하고 성적 멀트리트먼트로부터 아이들을 지켜주어야 한다.

성적 학대 1%라는 통계가 사실일까?

일본 후생노동성이 발표한 2018년도 아동상담소에서의 아동학대 상담 건수의 내용별 비율을 보면, '성적 학대'는 불과 1.1%

였다. 하지만 이 수치는 어디까지나 '상담 건수'에서의 비율일 뿐이다. 실제로 진료하다 보면 성적 멀트리트먼트를 당한 아이가 너무 많아서 경악할 정도다.

진료를 받으러 오는 아이들의 약 20%가 성적 학대를 당하고 있다. 이 수치에 동감하는 의사도 있을 테고 실제로는 더 많을 것이라는 의사도 있을 것이다.

성폭력 피해에 대한 사회적 인식이 아직 낮은 것도 문제다. 예컨대 2019년 들어 부모에게 당한 성폭력 피해를 고소한 재판에서 피고인인 부모가 무죄판결을 받은 사례가 거듭 발생하고 있다. 피고에게 무죄판결을 내리는 이유로는 '아이가 거부하지 못할 상황은 아니었다', '같은 집에 사는 가족이 알아채지 못했다는 건 이상하다' 등이 제시되었다. 너무 어이가 없어서 할 말을 잃게 하는, 화낼 기력조차 없는 판결이 아닐 수 없다. 실제로 이런 문제의 심각성을 깨달은 변호사와 지식인을 중심으로 사법에 강하게 항의하자는 움직임이 제기되고 있다.

의사에게조차 밝히는 게 꺼려지는 경험을 공적인 장소에서 설명하고 가족을 고소하기란 아주 괴로운 일이다. 보통의 용기로는 할 수 없는 일이다. 그런 아이의 용기와 절실함을 짓밟는 것과 같은 판결이 더는 생기지 않기를 간절히 바란다.

아이들 간의 성적 멀트리트먼트

성적 멀트리트먼트 문제는 어른과 아이의 관계에만 국한되지 않는다. 2019년 4월 일본 후생노동성이 발표한 보고서에 따르면, 2017년도에 아동복지시설에서 인지하고 파악한 '성적인 문제' 수만 해도 700건, 당사자로 집계된 아이 수는 1,300명에 달했다고 한다.

아동복지시설에서는 직원 대상으로 연수를 진행하고 매뉴얼을 작성하여 성교육을 실시하는 등 아이들을 보호하기 위해 많은 노력을 기울이고 있다. 하지만 남녀가 집단으로 생활하기 때문에 설령 그 집단이 신뢰관계를 구축했더라도 성적인 문제는 발생하기 쉽다. 누구든 가해자 혹은 피해자가 될 가능성이 있다. 또 부모에게 멀트리트먼트를 당한 뒤 마음의 상처를 치유받지 못한 상태에서 입소한 아이도 많기 때문에 문제행동을 일으키기 쉽다는 배경도 무시할 수 없다.

이 문제에 대해 미즈호정보총연 주식회사가 유익한 조사를 추진하고 있다. 보고서 「아동보호시설에서 아이들 간에 발생하는 성적인 문제에 관한 조사연구」(2019.3)에 따르면, 아동보호시설, 아동심리치료시설, 아동자립지원시설 등의 시설이 '성적인 문제에 관해 느끼는 과제' 중 첫 번째로 거론한 것이 '애착 형성이

충분하지 않은 아이의 비율 증가'였다. '애착'에 대해서는 2장에
서 자세히 설명하겠지만, 양육자 같은 어느 특정한 어른과의 관
계를 가리킨다. 애착 형성이 충분히 이루어지지 않으면 타인과
의 관계를 형성하는 데 있어서도 신체적·정신적으로 적절한 거
리감을 알지 못한다. 그것이 성적인 문제행동으로 나타날 수 있
다고 보는 것이다.

멀트리트먼트가 향후 인생에 미치는 영향

끝으로 멀트리트먼트로 인해 뇌 구조에 변화가 생겼을 때 향
후 인생에 어떤 영향을 미칠 수 있는지 살펴보자. 1990년, 미국
질병예방관리센터의 의사들이 19세 이상의 성인 약 1만 7,000
명을 대상으로 추적조사를 실시하였다. 이 조사에 따르면 어린
시절에 멀트리트먼트와 같은 고통스러운 경험으로 인해 트라우
마가 생기면, 건전한 마음과 신경의 발달이 저해되어 다음과 같
은 장애를 갖게 될 수 있다고 지적한다.

- **사회적 장애** : 대인관계에 어려움을 겪음
- **정서적 장애** : 의욕 소실, 집중력 저하, 우울증상 발현

- **인지적 장애** : 인지기능이 좀처럼 발달하지 못함

마음의 병으로 괴로운 나머지 약물에 의존할 확률도 높아지고, 심장질환이나 폐암 등에 걸릴 위험도 보통 사람보다 3배나 높으며, 수명이 20년 정도 단축된다는 결과가 나왔다(그림1-7).

어린 시절에 경험한 멀트리트먼트가 원인이 되어 성인이 된 후에 발생할 수 있는 심리적 질환에는 다음과 같은 것들이 있다.

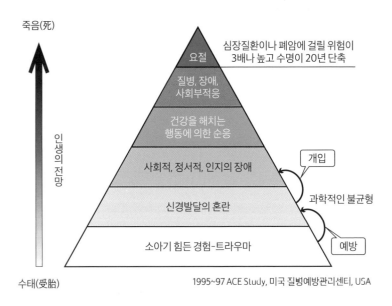

그림1-7 소아기의 힘든 경험이 건강과 수명에 미치는 영향

● 기분장애

장기간에 걸쳐 과도하게 기분이 울적해지거나 과도하게 기분이 들뜨거나 두 가지 기분이 반복되는 증상이다. 우울증이 대표적인데, 증상의 정도나 기간에 따라 '우울증', '지속성 우울장애(기분변조증)' 등으로 나뉜다.

우울증에 걸리면 억울한 기분, 흥미나 즐거움의 저하, 체중과 식욕의 현저한 감소 혹은 증가, 불면 또는 과면, 피로감, 무력감, 절망감, 죄책감, 자살충동 등의 증상이 일정 기간 지속된다. 지속성 우울장애 상태에서는 우울증이 다소 경미해진 듯한 증상이 나타난다.

● 불안증

일상생활 전반에 걸쳐 강한 불안을 느끼는 마음의 병을 일컬어 '불안증'이라고 부른다. 미국정신의학회가 펴낸 『정신질환의 진단 및 통계 매뉴얼 제5판』(DSM-5)에서는 증상별로 세분화하고 있는데, 그중에서도 멀트리트먼트와 깊은 연관이 있는 것으로 '공황장애', '광장공포증', '사교불안증', '전반불안증' 등이 제시된다.

공황장애의 주요 증상으로는 '패닉 발작'이 있다. 심한 두근거림이나 어지럼증, 과호흡, 구토감, 떨림 등이 갑자기 발생하는데, 당장에라도 죽는 게 아닌가 싶을 만큼 정도가 극심하다고 한다. 광장공포증은 사람 앞에 서거나 사람이 많은 곳에 나서는 것을 두려워하는 증상이, 사교불안증은 사람 앞에서 이야기하거나 대화를 나누는 것을 두려워하는 증상이 특징이다. 전반불안증은 강한 불안이 가라앉지 않고 6개월 이상 지속되는 증상으로, 특정한 한 가지 불안요소가 있는 것이 아니라 막연한 불안감이 지속된다.

● 심적 외상후 스트레스장애(PTSD)

PTSD(Posttraumatic Stress Disorder)는 전쟁, 재해, 학대와 같이 상상하기 어려운 경험을 했을 때 마음에 깊은 상처, 즉 트라우마를 갖게 됨으로써 발생하는 질환이다. 트라우마의 원인이 된 사건을 '플래시백'(78쪽 참조)이라는 형태로 다시 경험하고 감정을 격하게 폭발시키는가 하면, 감정이 마비되어 타인을 멀리하거나 사물에 대한 관심을 잃기도 한다. 이뿐만 아니라 어떤 것에도 집중하지 못하고 수면장애 같은 증상이 나타난다.

● 해리성 장애

인간의 '정신 상태'는 기억, 지각, 의식 등이 하나로 정리되어 있는 것이 보통인데, 어떤 계기로 인해 그 정리가 깨지고 마는 경우가 있다. 그런 상태를 '해리'라고 부른다. 트라우마와 같은 중대한 손상으로 더 이상 버틸 수 없게 된 마음이 원래의 자신에게서 동떨어져 나옴으로써 해리가 발생한다고 본다.

고통스러운 기억을 잊어버리는 '해리성 건망', 자신의 존재를 리셋하여 별개의 장소에서 별개의 생활을 시작하는 '해리성 둔주', 복수의 인격이 자기 안에 동시에 존재하면서 각자가 교대로 나타나는 '해리성 정체장애(다중인격)' 등이 있다. 그중에서도 해리성 정체장애는 어릴 때 당한 가혹한 멀트리트먼트가 '반드시'라고 해도 과언이 아닐 만큼 영향을 미친다고 본다.

● **경계성 성격장애**

대인관계가 상당히 불안정하여 어느 한 사람에게 절대적인 애정이나 신뢰감을 보이다가도 아주 사소한 일로 배신당했다고 믿고 분노를 폭발하는 등의 질환이다. 기분 변화가 극심하고 충동성이 높은 것도 특징이다. 자기 파괴적인 행위도 많고, 타인과의 관계가 순탄하지 않아 자해하는 행위를 반복하기도 한다.

조기치료의 중요성

유아기에 입은 심리적 트라우마는 그대로 방치하면 시간이

지날수록 증상이 심해진다. 특히 트라우마 경험이 복합적으로 존재하면 마음의 병도 중증으로 진행되어 앞에서 서술한 것과 같은 질환이나 문제가 발생하기 쉽다. 성장기 아이의 뇌는 적절한 치료를 해주면 회복이 가능한 경우도 많지만, 트라우마가 복잡한 경우에는 치료에 긴 시간이 소요된다. 마음의 병을 가진 채 어른이 되면 자신뿐 아니라 다른 사람까지 상처 입힐 가능성이 있다.

마음의 건강을 회복하기 위해서는 가능한 한 조기치료가 필요한데, 적절한 치료를 하지 않으면 어른이 된 후에도 정신질환으로 고통받게 된다. 그리고 그런 사람이 부모가 되었을 때 커다란 벽에 부딪히게 된다. 2장에서는 그런 마음의 상처를 가진 부모들의 고통과 마주하고자 한다.

부모라는 이름

부모라는 이름

부모의 뇌를 치유해야
아이의 뇌가 달라진다

제 2 장

부모의 트라우마와
아이의 성장

| 제2장 |

부모의 트라우마와 아이의 성장

대물림되는 마음의 상처

며칠 전 60대로 보이는 부부가 9살 남자아이를 데리고 진료실로 들어섰다. 남자아이는 부부의 손자라고 했다 싱글맘이던 딸에게 애인이 생겨 2년쯤 전에 집을 나간 탓에 조부모인 부부가 아이를 키우게 되었노라고 했다.

진료실 의자에 앉아 있던 남자아이는 약간 긴장한 듯 보였다. 학교에서는 대체로 태도가 산만하고, 수업 중에 갑자기 큰 소리

를 지르거나 반 친구에게 난폭한 행동을 하는 등의 문제행동을
보여서 담임선생님의 권유로 진료실을 찾게 된 것이다.

소년의 엄마는 폭력을 쓰진 않았지만 심하게 욕을 퍼붓기도
하고 아이를 무슨 방해물 취급하는 듯한 언행을 자주 했으며 아
들을 혼자 두고 외출해서 다음 날까지 돌아오지 않는 날도 있었
다고 한다. 학교에서의 모습을 들어서는 'ADHD^{(주의력결핍 과잉행동장}
^{애)}'가 의심되었지만, 조부모의 이야기를 들으니 멀트리트먼트에
의한 애착장애 경향이 있어 보였다.

나는 연구용 뇌 화면을 조부모에게 보여주며 엄마의 폭언과
방임은 눈에 보이는 상처를 신체에 남기진 않더라도 마음에 깊
은 상처를 남기는 행위라는 사실을 설명했다. 그때 조용히 설명
을 듣던 소년의 할머니가 불쑥 이야기를 꺼냈다.

"나도 딸애가 어렸을 때 똑같은 짓을 했어요."

자영업자였던 부부는 바쁜 일에 쫓기느라 딸을 종종 방치했
고 짜증이 날 때마다 심한 말로 꾸짖었으며, 아이 앞에서 심한
부부싸움을 하는 날이 다반사였다고 했다. 그녀의 이야기는 결
코 드문 이야기가 아니다. 멀트리트먼트를 가하는 부모 또한 대
개 과거에 가혹한 멀트리트먼트의 피해자라고 해도 과언은 아
닐 것이다. 조부모 세대의 이야기를 들어보면, 그들 역시 부모로
부터 비슷한 멀트리트먼트나 엄격한 훈육을 받으며 자라온 경

우가 많다.

2장에서는 이런 세대 간 멀트리트먼트의 대물림에 대해 생각해보고, 멀트리트먼트에 의한 트라우마와 마음의 상처를 어떻게 치유할 것인지에 대해 살펴본다.

동물세계의 학대는 대물림될까?

동물을 대상으로 한 연구에서 '세대 간 학대 대물림'에 대해 아주 흥미로운 결과가 나왔다. 캐나다 맥길대학의 더글라스호스피털 리서치센터의 달린 프란시스(Darlene D. Francis) 교수 연구팀이 실시한 실험용 쥐 연구에 따르면, 어미쥐한테 적절한 양육을 받지 못한 새끼쥐한테는 마음의 병 발현과 관계있다고 여겨지는 '스트레스 취약성'이 생기고, 부모가 되었을 때 자기 새끼를 돌보지 않게 된다. 반면 다른 쥐한테 적절한 양육을 받은 새끼쥐한테는 스트레스 취약성이 나타나지 않았다. 즉, 양육능력은 반드시 자식에게 유전되는 것은 아니라는 결과다.

이와 같은 연구결과는 붉은털원숭이 연구에서도 보고된 바 있다. 미국 시카고대학의 영장류학자인 다리오 마에스트리피에리(Dario Maestripieri) 교수에 따르면, 붉은털원숭이의 암컷도 새끼 때 어미원숭이에게 물리고 맞고 발로 차이면서 자라면 나중에 자기가 낳은 새끼에게 똑같은 행동을 한다.

하지만 학대를 하는 어미원숭이에게서 이른 시기에 새끼를 분리하여 학대를 하지 않는 다른 어미원숭이에게 키우도록 하면, 새끼원숭이는 양육을 잘하는 어미원숭이로 자란다는 사실이 밝혀졌다. 이 연구에서도 양육능력은 환경과 경험으로 양성된다는 사실을 확인할 수 있다.

최대 70% 확률로 차세대에 대물림되는 학대

인간의 '세대 간 학대 대물림'에 대해서는 영국의 정신의학과 의사 잭 올리버(Jack E. Oliver)에 의한 연구가 잘 알려져 있다. 그에 따르면, 유아기에 학대를 받은 사람이 부모가 되었을 때의 대물림 비율은 다음과 같다.

- 자기 아이를 학대하게 되는 경우는 전체의 3분의 1
- 평상시 생활에는 지장이 없지만, 정신적인 중압감을 느낄 때, 한때 자신이 당했던 것과 같은 학대를 자기 아이에게 가하게 될 가능성이 있는 사람들이 전체의 3분의 1

* 학대하지 않고 아이를 키울 수 있는 사람이 전체의 3분의 1

이 결과를 보고, 3분의 1은 학대하지 않고 아이를 키울 수 있다는 점을 긍정적으로 받아들일 수도 있다. 하지만 대물림될 가능성이 최대 70%라고 생각하면 결코 간과해서는 안 된다는 경각심이 들 것이다.

유아기에 부모로부터 폭력을 당하거나 심한 욕과 꾸지람을 들으면서 그것이 당연한 것처럼 알고 자란 사람은, 자신보다 연약한 사람을 신체적 혹은 심리적 폭력으로 괴롭히게 될 가능성이 아주 크다.

트라우마를 가진 채 부모가 된 사람들

"삶이 이렇게 힘든 이유가 부모에게 받은 멀트리트먼트 때문이었음을 이제 알았다."

『아이의 뇌에 상처 입히는 부모들』이 출판된 후, 이와 같은 감상이 셀 수 없을 정도로 우리 진료소와 편집부로 쇄도했다. 하나같이 부모에게 상처받은 경험이 있는 사람들이었다. 그중에는 부모의 애정을 받지 못한 탓에 가정을 갖는 것이 두려워 결혼도 출산도 포기했다는 슬픈 사연의 편지도 있었다.

상당히 많은 사람이 힘든 과거를 가슴 깊이 품은 채 어른이 되었다. 그리고 치유받지 못한 채, 상처를 안은 채 아빠, 엄마가 된 사람은 내 아이와 마주했을 때 '어떻게 사랑해야 할까?', '어떻게 칭찬해줘야 할까?', '어떻게 나무라야 할까?' 하고 커다란 벽에 부딪히게 된다. 멀트리트먼트의 피해자가 또 다른 피해자를 낳고 마는 수순은 참으로 불행한 일이다. 그런 불행한 악순환을 끊기 위해서는 도대체 어떻게 해야 할까?

애착장애도 대물림된다

멀트리트먼트 문제를 해결하는 열쇠는 '부모와 아이의 애착(attachment)'이다. 애착이란 '아이와 특정의 모성적인 인물(아버지라도 상관없다) 사이에 구축된 정서적 관계(인연)'를 가리키며, 적절한 애착 형성이야말로 아이의 건강한 성장을 지탱해주는 초석이 된다. 그런 관계 구축으로 형성되는 안정감과 신뢰감을 바탕으로 아이는 자기긍정감과 풍부한 감정 그리고 폭넓은 인지능력을 키우고 나아가 사회적 커뮤니케이션 능력도 갖추게 된다.

그런데 장기간 지속해서 멀트리트먼트를 당하면 애착 자체가 일그러지고 만다. '나는 별 볼 일 없는 인간'이라는 부정적인 자아 형성이 이루어지고, 어른이 되어 사회에 나가서도 양호한 대인관계를 맺지 못해 우울증 같은 심리적 질환에 시달리기 쉽다. 이처럼 일그러진 애착관계 때문에 나타나는 온갖 부정적인 증상이 '애착장애'다.

지금이야 아이의 마음 발달에서 부모와 아이의 애착 형성이 아주 중요한 기반이 된다는 사실이 널리 인식되어 있지만, 비교적 최근까지도 그 중요성은 알려지지 않았다. 그 때문에 애착장애로 인한 마음의 병이 있어도, 주변 사람은 물론 본인조차도 그것을 알아채지 못하고 방치한 채 적절한 치료를 받지 못했을 가능성이 높았다. 성인이 된 후에야 마음의 문제를 깨닫고 정신의학과를 찾는다고 하더라도, 그 시점에서 표면에 드러나는 증상만으로 진단되기 때문에 여전히 치유되지 못하는 경우가 많았다.

실제로 과거에 멀트리트먼트를 경험했던 부모의 이야기를 들으면, 어린 시절뿐만 아니라 어른이 되어 사회에 나간 후에도 설명할 수 없는 고통과 우울감을 느껴왔다고 한다. 부모가 되었을 때, 자신의 아이와 좋은 애착관계를 맺는 데 어려움을 겪는 사람이 많다. 불안정한 부모와의 관계에서 자란 아이는 애착장애를 일으키기 쉽다. 그런 이유 때문에라도 애착장애를 방치해서는 안 된다는 것을 실감할 수 있을 것이다.

다음은 부모로부터 자녀에게 애착장애가 대물림되는 경우의
사례다.

애착장애의 세대 간 대물림

폭력적이 되어가는 손녀를 데리고 내원

사오리(10대)를 데리고 병원을 찾은 사람은 할머니 테이코 씨(70
대)였다. 테이코 씨의 외동딸 유리 씨(30대)는 19살 미혼 상태로 사
오리를 출산했다. 직장 근처에 살던 유리 씨는 출산 후 머잖아
아이를 키우기 힘든 상황이 되자 아이를 방임하는 횟수가 늘었
고, 그 탓에 사오리는 젖먹이일 때부터 유아원 보호조치를 받게
되었다.

사오리가 3살이 되었을 때 테이코 씨 부부가 사오리를 데려와
키우게 되었지만, 아이는 좀처럼 조부모를 따르지 않았다. 고령
의 테이코 씨 부부에게 손녀 양육은 큰 부담이 아닐 수 없었다.
그 때문에 사오리와의 관계는 자연스럽게 소원해져서 혼자 두
는 일이 잦아졌다고 한다.

말이 없고 내성적이던 사오리는 초등학교에 입학하면서부터

난폭한 행동을 일삼게 되었고 교사들은 자연히 사오리를 문제아 취급하기에 이르렀다. 그러다 고학년이 되자 테이코 씨 부부를 향한 사오리의 폭언과 폭력은 나날이 심해졌다. 바로 그 시점에 테이코 씨가 사오리를 데리고 진료실을 찾은 것이다.

엄마도 할머니도 멀트리트먼트 피해자였다

엄마 유리 씨가 사오리의 육아를 포기하게 된 배경을 알아야 했기에 유리 씨의 성장과정에 대해 테이코 씨에게 물었다.

"유리는 똑똑하고 애교가 많은 아이였어요. 딸아이에게 저는 큰 기대를 걸었고, 반에서 늘 1등이기를 바랐습니다. 딸이 기대에 미치지 못하면 실망이 너무 커서 스스로도 믿기 어려울 정도로 거칠고 험한 말로 혼내고 이런저런 체벌도 가했지요. 그런 저를 탓하는 남편과도 싸움이 잦아졌어요. '아빠와 엄마 사이가 나빠진 건 너 때문'이라며 딸아이를 탓하고 원망했어요."

"왜 유리 씨에게 그러셨다고 생각하세요?"

나의 질문에 테이코 씨는 자신의 과거를 회상하며 어떤 마음으로 아이를 키웠는가에 대해 털어놓았다.

"제 아버지는 집에서 폭군과도 같은 존재였어요. 어머니는 말 없이 아버지의 말에 복종했고, 온갖 폭언을 듣고 손찌검을 당해도 저항 한 번 하지 않았지요. 간혹 딸인 제게도 폭언과 폭력이 가해졌지만, 어머니는 말리지 않았어요. 어린 나이에도 아버지 어머니가 빨리 이혼하면 좋겠다고 생각했지만, 어머니에게는 경제력이 없었기에 그런 생활이라도 버틸 수밖에 없었을 거예요. 그래서 저는 혼자서도 살아갈 수 있는 경제력을 갖고 싶었어요. 하지만 출산으로 인해 일을 그만둘 수밖에 없게 되자 어쩔 수 없이 부모님 댁으로 들어가게 됐어요. 부모님과는 사이가 썩 좋지 않았기 때문에, 그들 도움 없이 유리를 키웠어요. 딸아이에게 어려운 과제를 끊임없이 주었던 것은 저와는 다른 인생을 살기 바랐기 때문이에요."

하지만 자녀 양육은 테이코 씨가 생각한 것처럼 결코 쉽지 않았다. 유리 씨는 중고교 통합의 명문 학교에 입학했지만, 무단결석이 잦아지면서 결국 방송통신학교로 전입했다. 테이코 씨의 반대를 무릅쓰고 미혼 상태에서 출산했지만 결국 젖먹이를 돌보지도 않고 방치했다.

"내가 유리한테 했던 행동들이 멀트리트먼트인가요?"

이렇게 묻는 테이코 씨에게, 내 일은 결코 심판하는 일이 아님을 거듭 밝힌 후에 답했다.

"아이를 위해서 한 행동이라도, 훈육이라고 생각하고 한 행동이라도 아이의 역량을 훌쩍 뛰어넘는 과제를 주고, 아이에게 벅찬 기대를 걸었다가 안 되면 페널티를 줌으로써 아이를 힘들게

했다면 그것은 멀트리트먼트라고 생각합니다."

앞에서 말했던 뇌 화면을 보여주면서 아이의 뇌가 입을 손상에 대해 상세하게 설명하자, 테이코 씨는 "내가 잘못 키웠네요"라고 혼잣말처럼 중얼거렸다.

상처 입은 엄마와 딸의 치료

사오리의 진료를 계기로 나중에는 유리 씨와도 이야기를 나누게 되었다. 유리 씨는 10대 때부터 불안증이 있어 심리치료 약을 처방받은 적이 있는데, 현재는 본인의 판단으로 복용을 중단한 상태라고 했다. 또 평소에 피로를 잘 느끼고 일할 의욕이 없을 뿐 아니라 장래를 생각하면 불안해지면서 죽음을 떠올리기도 하고 과호흡을 일으키기도 한다고 했다. 유리 씨의 이야기를 듣고, 나는 그녀가 애착장애를 앓고 있다고 진단했다. 유리 씨는 '도저히 아이를 키울 수 없다'고 딸아이 양육을 포기하고 말았다. 어머니인 테이코 씨와의 관계가 순탄치 않았기 때문에 어머니에게 의지할 수도 없었다.

그로부터 얼마 안 되어 사오리가 할아버지의 언행에 폭발하여 식칼을 들이미는 사고가 발생했다. 또 커터기를 빼들고 죽고 싶다고 말하는 횟수가 많아졌다고 했다. 생명을 구하는 것이 무엇보다 급선무였기에 결국 사오리를 전문보호시설에 보낼 것을 제안했다. 가족들이 나의 제안을 받아들여 사오리는 아동상담소에서 일정 기간 보호조치를 받은 후 아동자립지원시설에 입소하였다.

시설에서는 우선 마음의 안정을 위해 인지행동요법과 약물요법(항정신병약, 한방약, 불면증 약 등을 투여하는 치료)이 이루어졌다. 사오리의 증상은 조금씩 호전되어 자살욕구는 어느 정도 사라진 듯했지만, 충동적으로 다른 아이들을 때리거나 발로 차는 등의 행동은 여전했다. 지속적인 치료와 보호가 필요한 상태다.

한편 유리 씨에 대해서는 정신의학과의 주치의와 간호사, 심리치료사 등 의료진들이 시간을 들여 가슴속에 응어리진 과거의 경험을 풀어내도록 노력했다. 분노 감정과 자연스럽게 마주하기 위한 심리트레이닝, 즉 '화(anger) 관리'를 정기적으로 받으면서 한방약을 주로 하는 약물치료를 병행하고 있다.

또 '트라우마 인폼드 케어'라고 하는 심리면접도 실시하였다. 이 치료에서는 트라우마의 원인이 될 수 있는 다음의 세 가지 'E'에 대한 이해를 환자에게 촉구한다.

- EVENT(사건)
- EXPERIENCE(경험)
- EFFECT(영향)

구체적으로는 치료자가 멀트리트먼트라는 '사건'으로 인해 어떤 '경험'을 하고 어떠한 '영향'이 심신에 미쳤는가를 유리 씨에게 알기 쉽게 설명해준다. 트라우마 경험이 미치는 광범위한 영향을 피상담자에게 이해시킴으로써 의료종사자는 회복에 이르는 길을 찾고 트라우마 재발을 예방한다. 이 같은 전문적인 트라우마 치료를 거듭함에 따라 유리 씨의 과호흡 증상은 사라졌고 표정도 서서히 밝아졌다.

사오리는 지금도 시설에서 전문치료를 받고 있다. 유리 씨와 테이코 씨 부부는 정기적으로 시설에 찾아가 사오리를 면회한다. 유리 씨와 사오리가 함께 살 날이 올지 어떨지는 모르겠지만, 사오리도 언젠가 시설을 나와 자립하게 될 것이다. 그날을 위해서 엄마와 딸이 함께 마음의 치료를 지속할 필요가 있다.

안타까운 것은 테이코 씨와 유리 씨가 조금만 더 빨리 보호, 지원, 전문적인 치료를 받았더라면 지금과는 다른 모습으로 자녀와 마주할 수 있었을 것이라는 점이다.

일그러진 애착관계가 초래한 멀트리트먼트

과학적으로 입증되진 않았지만, 내가 치료를 하면서 깨달은 것은 어린 시절에 멀트리트먼트를 경험한 사람은 멀트리트먼트 가해자가 되기 쉬운 상대와 교제하거나 결혼하는 경우가 많다는 사실이다.

멀트리트먼트를 당한 사람이 폭력적인 상대에게 끌리게 된다면, 그 배후에는 애착장애가 있다고 보아도 무방하다. 일그러진 애착관계가 '표준'이 되어 있기 때문에 무의식적으로 그런 관계를 맺기 쉬운 상대방을 고르게 되는지도 모른다. 하지만 그렇게 되면 가정에 항상 긴장감이 감돌고 언제 폭력적인 언동이 분출하게 될지 모르는 상태에 빠지게 된다. 이런 상황이라면 의사는 아이만 치료해서는 안 되고 부모, 경우에 따라서는 조부모 세대까지 아울러 치료를 진행해야 한다.

발달장애인가 애착장애인가

부모세대의 마음의 병을 고려할 때 간과해서는 안 될 것이 '발달장애'와 '애착장애'의 관계다. 발달장애란 한마디로 요약하면 뇌 기능 장애인데, 『정신질환의 진단, 통계 매뉴얼 제5판』에서는 '신경발달증'이 정식 명칭으로 되어 있다. 구체적으로는 다음과 같은 증상을 가리킨다.

- 자폐 스펙트럼 장애(Autism Spectrum Disorder=ASD)
- 커뮤니케이션 장애
- 특정학습 장애
- 주의력결핍 과잉행동장애(Attention Deficit Hyperactivity Disorder=ADHD)

보통 낮은 연령대에서 나타나는 장애라고 알고 있지만, 최근에는 '성인 발달장애'라는 말도 곧잘 듣는다. 그만큼 삶을 힘들어하며 사회생활을 하는 사람이 많아졌다는 지적이다.

일본의 문부과학성이 2012년에 한 조사결과를 발표했다. 전국(이와테, 미야기, 후쿠시마 세 현 제외)의 공립 초중학교 일반학급에 재학 중인 학생들 중 무작위로 추출한 5만 3,800명을 대상으로 실시한 조사였다. 그 결과, 발달장애일 가능성이 보이는 학생의 비율이 6.5%였다. 한 학급에 두 명 정도인 셈이다.

참고로 이는 학교 내 조사에 따른 결과일 뿐 의사의 진단에 의한 것은 아니라는 점을 밝혀둔다. 또 특별지원학급의 아이들은 포함하지 않았기 때문에 사실은 더 많으리라 생각된다. 발달장애의 특징별로 본 아이의 비율은 다음과 같다.

- 학습 면에서 현저한 어려움을 겪음 : 4.5%
- 행동 면에서 현저한 어려움을 겪음 : 3.6%

- 학습과 행동 모든 면에서 현저한 어려움을 겪음 : 1.6%

　최근 연구에서는 발달장애의 원인이 되는 요소의 유무가 'O/X'로 양분되는 게 아니라, 건강한 사람에게도 미치는 스펙트럼^(연속체)을 형성하고 있음이 밝혀졌다. 이를 아동정신의학과 의사인 스기야마 도시로씨는 '발달 불균형'이라고 표현하고 있다. 발달에 불균형이 있어서 환경에 적응하지 못하고 사회생활에 어려움을 겪는 경우에 발달장애로 진단된다는 사고방식이다.

　보통 '장애'라고 하면 부정적인 이미지가 지배적이지만, 질환 자체에 문제가 있는 것이 아니라 질환이 사회생활을 하는 데 방해^(장애)가 된다는 의미에서 이해해주기 바란다. 발달 불균형은 그 사람의 개성이라고도 볼 수 있다. 인간 발달에는 '정형'이 되는 기준이 있긴 하지만, 대개의 사람은 '정형'의 틀에서 일정 부분 불거지기도 하고 가끔은 샛길로 빠지기도 하면서 성장하는 법이다.

　다만 주의해야 할 것은 어릴 때 발달장애라고 진단받은 증상이 시간이 지나 성인이 된 후에도 개선될 징후가 보이지 않고 오히려 악화되는 경우다. 그런 경우에는 어린 시절에 받았던 멀트리트먼트가 원인이 되어 애착장애를 일으켰을 가능성이 있다. 애착장애는 때로 발달장애와 상당히 비슷한 증상을 보이기 때문이다.

발달장애와 애착장애의 차이점

발달장애의 하나인 ADHD를 예로 들어보자. 어린 시절에 ADHD 진단을 받은 사람이라도 대부분 성장과 더불어 증상이 개선된다. 어른이 됐을 즈음엔 다중증상이 양호해져서 다소 부주의하거나 감정의 기복이 있을 수 있지만 사회적응에 문제가 생길 우려는 감소한다.

아이가 ADHD라는 진단을 받으면 당연히 부모는 당혹스러울 수밖에 없는데, 결코 아이가 나쁜 것도, 부모가 나쁜 것도 아니다. 그런 특성을 가지고 태어났다고 인정하고, 조급해하지 말고 차분하게 아이의 성장을 지켜봐주는 자세가 필요하다.

한편 유소년기에 멀트리트먼트가 원인이 되어 애착장애를 일으킨 아이에게도, 언뜻 ADHD와 상당히 유사한 증상이 발견된다. 그 때문에 임상현장에서도 진단을 잘못 내리는 경우가 지금까지 적잖게 있었다. ADHD와 애착장애로 인해 발생하는 증상에는 다음과 같은 차이점이 있다.

먼저 ADHD 아이의 경우, '과잉행동' 증상에서는 기복이 별로 없고 한결같이 과잉행동을 보인다. 그렇지만 애착장애를 가진 아이의 경우에는 오전부터 오후 이른 시간까지는 비교적 우울증처럼 울적해 있는 모습을 볼 수 있다. 그러다 스위치가 켜진 것처럼 갑자기 소란을 피운다. 낮에서 밤으로 바뀌는, 즉 몸의 리듬이 바뀌는 저녁 시간대에 흥분 상태가 되기 쉽다고 알려져 있다.

또 주변 사람들과 관계하는 방법에도 차이가 있다. ADHD 아이의 성격은 비교적 순하고 타인과의 관계도 쉽고 간단하다. 한편 애착장애 아이의 경우는 친구와 문제를 일으키거나 교사에게 반항적인 태도를 보이는 등 주변 사람들과의 관계가 복잡하다. 다른 사람과의 거리감도 안정되지 않고 기복이 심하다.

놓치기 쉬운 애착장애

발달장애와 애착장애의 차이는 사춘기를 맞이할 때쯤 확연히 나타난다. 그 관계를 설명하기에 앞서 '트라우마'에 대해 잠시 살펴보도록 하자. 요즘에는 '트라우마'라는 말이 아주 일반적으로 쓰이고 있다. '심적 외상'으로 번역되는데, 마음이 강한 스트레스를 받은 상태를 말한다.

예를 들어 사고, 재해, 전쟁 등 목숨이 위태로운 상황을 경험했을 때, 심한 폭력을 당하거나 성폭력 피해를 당했을 때, 혹은 가족이나 친구가 그런 상황을 겪은 걸 간접 경험했을 때 등 극심한 공포와 무력감을 주는 충격적인 경험을 했을 때 생기는 마음의 상처다. 아직 어린 아이일 경우, 과도한 멀트리트먼트, 따돌림, 예기치 않은 이사나 전학, 가족이나 좋아하던 반려동물과의 이별 등이 트라우마의 원인이 될 수 있다.

트라우마를 계속 안고 있으면 특히 몸과 마음의 균형이 깨지는 사춘기에 특징이 나타난다. 예컨대 체력이 되는 아이는 비행으로 내닫기 쉽고, 체력이 안 되는 아이는 등교거부나 만성피로감 등에 빠지기 쉽다. 트라우마가 악화되면, 1장에서 말했던 PTSD(50쪽 참조)나 해리(50쪽 참조)의 증상이 현저하게 나타난다. 반면 ADHD의 경우는 그런 사례가 적고, 특히 해리성 장애가 나타나는 경우는 거의 없다고 볼 수 있다.

트라우마가 가장 큰 골칫거리다. 그냥 방치하면 만성이 된다. 트라우마가 만성이 되면, 마음의 병은 급격히 심해진다. 바로 '복잡성 PTSD(77쪽 참조)'라고 불리는 증상이다. 해리, 우울, 감정조절장애, 자해행위, 약물의존, 충동적 행동 등을 차례차례 일으키게 된다.

트라우마가 근저에 있다는 사실을 인지하지 못한 채 양극성장애, 통합실조증(조현병) 등의 진단을 내리는 의료종사자도 있다. 언뜻 비슷해 보이는 증상이라도 치료법은 다르다. 잘못된 약의 투여로 오히려 증상이 악화되는 경우도 있다. 그러므로 어른이 된 후 정신적인 질환으로 고생하고 치료를 받아도 효과를 못 보는 사람의 경우, 유아기부터의 성장과정과 양육경험을 꼼꼼히 살피고 선천적인 특성에서 오는 증상인지 애착장애 등에 의한 후천적인 증상인지를 구별해내는 것이 아주 중요하다.

발달성 트라우마 장애가 되는 증상

멀트리트먼트로 인해 생긴 애착장애로 마음의 병을 앓고 있는 아이가 성장할수록 그 증상이 심각해지는 사례를 보았는데, 정리하면 다음과 같다.

멀트리트먼트로 인해 유아기에 애착장애를 일으킨다.
↓
학동기, ADHD와 비슷한 증상으로 진전된다.
↓
사춘기 무렵부터 해리나 PTSD, 비행 등의 증상이 나타난다.
↓
성인기에 접어들면서 복잡성 PTSD 증상이 현저해지고 해리, 우울, 감정조절장애, 자해행위, 약물의존, 충동적 행동 등을 일으킨다.

이와 같은 일련의 증상을 미국 정신의학과 의사 베셀 반 데어 코크(Bessel van der Kolk)는 '발달성 트라우마 장애'라고 총칭하였다. 멀 트리트먼트를 겪은 부모 중에서 지금도 마음의 병으로 고통받는 경우의 대부분은 발달성 트라우마 장애를 앓고 있다고 보아도 될 것이다.

트라우마의 만성화로 발생하는 복잡성 PTSD

두 번째 사례를 살펴보기 전에 복잡성 PTSD에 대해 자세하게 살펴보도록 하자. 복잡성 PTSD는 비교적 새로운 개념이다. 미국 정신의학과 의사 주디스 루이스 하먼(Judith Lewis Herman)이나 앞에 나온 반 데어 코크에 의해 제창되었지만, 2018년에 WHO가 공표한 「국제질병분류(ICD)(11차 개정)」에서 마침내 진단기준이 정리되었다. WHO에 의한 약 30년 만의 개정이다.

그에 따르면 복잡성 PTSD는 불면과 집중장애, 과도한 경계심이나 분노의 폭발 같은 PTSD 증상에 감정조절장애 증상이 더해져, 타인과의 관계에서 문제를 일으키기 쉽고 자기긍정감과 자존감이 저하되기 쉽다는 등의 특징이 제기된다. 앞에서 언급한 대로 복잡성 PTSD는 트라우마가 만성이 되어서 나타나는 경우가 많다. 심한 멀트리트먼트를 지속해서 당한 아이는 말할 것도 없고, 어릴 때 멀트리트먼트나 따돌림을 당했는데도 마음을 치유하지 못한 채 성인이 된 사람에게서도 많이 발견되는 증상이다.

트라우마 치료의 열쇠가 되는 '플래시백'

복잡성 PTSD 증상이 나타난 사람의 트라우마를 치료할 때 가장 중요한 열쇠가 1장에서 언급한 '플래시백'이다. 트라우마 기억은 너무 강렬한데, 마음이 감당할 수 없을 정도로 힘든 일을 경험했을 때 뇌는 그 기억과 직면하기를 꺼린다.

그 결과, 기억을 마음에서 떼어내어 다른 어딘가로 쫓아버리려고 하는 '해리'가 발생한다. 여러 차례 해리가 발생하는 동안, 분단된 그런 기억들은 뇌내의 일반적 기억공간이 아닌 별개의 기억서랍 속에 갇히게 된다. 그러다 사소한 자극, 예컨대 누군가의 목소리, 냄새, 소리, 감촉 등이 계기가 되어 어느 순간 갑자기 그 일을 '재경험'하고 마는 것이다. 이 현상이 플래시백이다. 플래시백이 일어나는 동안 말투나 인격이 완전히 딴 사람이 되는 경우도 있고, 자칫 환각을 보고 있는 게 아닐까 싶을 정도로 딴 세계로 빠져들 때도 있다.

통상의 기억은 과거의 경험을 자기 나름대로 소화하고 재구축한 것이다. 경험했을 당시에는 강한 감정을 느꼈다 하더라도 시간이 흐름에 따라 '풍화'되기도 하고 당시와는 다른 해석으로 생각이 바뀌기도 한다. 그래서 같은 경험을 공유한 사람끼리도 그 경험을 어떻게 받아들이고 해석하느냐에 따라 미래의 기억은 달라진다. 친구와 같은 추억을 이야기하는데도 서로 기억하고 있는 내용이 전혀 다른 경우가 대표적이다.

그런데 트라우마에 의해 별개의 장소에 보관된 기억은 풍화의 영향을 받지 않는다. 그뿐만 아니라 기억이 언제까지나 선명하게 남아서 그것을 생각해낸 순간 과거 그 시점으로 타임슬립하고 만다.

트라우마의 기억은 뇌의 우반구에 보존된다

플래시백이 일어날 때는 뇌 활동에도 이상이 발생한다. 반 데어 코크의 연구를 보면, 플래시백이 일어나고 있는 순간에는 우뇌 중에서도 특히 편도체가 활성화되고 있었다. 편도체는 공포 같은 감정과 깊은 연관이 있으며 외부 정보가 좋은지 나쁜지에 대해 본능적으로 판단하는 부위다.

한편 좌뇌는 자신의 경험에 이성적인 판단을 하는 역할을 하는데, 플래시백이 일어나는 동안에는 그 작용이 정지한다. 그 때문에 기억이 과거의 것이란 인식을 좀처럼 하지 못한다. 반 데어 코크의 연구에 따르면, 플래시백 중인 사람의 뇌를 fMRI로 촬영했더니 우뇌의 활성화 외에도 좌우의 배외측전두전피질이 활동을 정지한 상태임이 밝혀졌다. 이 부위가 정상적으로 기능하지 못하면 시간감각을 잃게 된다. 그래서 과거의 기억을 떠올리고 있음에도 불구하고 마치 지금 일어나고 있다는 착각을 일으키게 되는 것이다.

트라우마 치료로 플래시백을 줄인다

플래시백의 발생을 줄이면 마음의 회복은 빨라진다. 마음 회복을 위해서라도 트라우마 치료를 효과적으로 실시하는 것이 중요하다. 트라우마 치료법으로는 개개인의 증상에 맞는 약물요법과 심리요법을 병행하는 것이 좋다. 모든 전문적인 기능이 요구되는 만큼 자기 스타일로 변화 혹은 응용하는 것은 아주 위험하다. 대표적인 치료법의 특징을 짚어보자.

● **장시간 폭로요법**

공포와 불안의 원인이 되는 자극과 상황에 오히려 환자를 노출시킴으로써 불안반응을 없앤다.

● **인지처리요법**

자기에 대한 부정적인 생각을 깨닫고, 이해하고, 정리하게 함으로써 트라우마로부터의 회복을 방해하는 인지를 수정해간다.

● **EMDR**(안구운동에 의한 탈감각과 재처리법)

EMDR(Eye Movement Desensitization and Reprocessing)은 좌우수평방향의 안구운동을 이용해서 트라우마 기억이 적응적 기억이 되도록 정보처리를 촉진한다.

● **자아상태요법**

최면 또는 이미지 유도 하에서 '자아상태(인격에너지를 가진 자기의 일부 혹은 한 측면)'에 접근해 인격의 내적시스템을 보다 좋은 상태로 유도함으로써 중대한 증상이나 문제행동을 해소한다.

● TFT(사고장요법)

TFT(Thought Field Therapy)는 트라우마 기억이 수반하는 불쾌감에 의식을 향하게 하면서 몸의 특정부위(경혈)를 두드림으로써 심리적 문제를 감소시켜간다. 부작용이 없고 셀프케어법으로 사용되는 것이 큰 특징이다.

● SE(Somatic Experiencing)

주로 신체감각에 초점을 맞추면서, 트라우마의 영향에 의한 신경계의 부조화를 수정하고, 미완성된 자기방어 반응을 완성시킨다.

● TS 프로토콜 수동처리(간이형 트라우마처리)

TS(Traumatic Stress) 프로토콜 수동처리는 스기야마 도시로가 좌우 교차자극과 호흡법을 조합시켜 개발한 방법이다. 트라우마의 내부압력을 감소시킨다(189쪽 참조).

● 홀로그래피 토크

건강심리사 미네 테루코가 중심이 되어 개발한 방법이다. 가벼운 최면상태에서 마음 깊이 담아둔 말에 귀 기울이고 자기감정이나 신체 증상의 의미, 문제의 기원, 해결법을 찾아간다.

플래시백을 치료하기 위해 유효한 한방약

플래시백 치료에는 계수나무와 작약으로 지은 탕약(桂枝加芍湯薬), 사물탕 같은 한방약의 복용도 효과가 있다. 이런 한방약은 플래시백의 압력을 감소시켜주므로, EMDR 등에 의한 트라우마 치료를 비교적 안전하게 실시할 수 있다. 시간을 들여 트라우마 치료를 하다 보면, 봇물 터지듯 밀려드는 힘든 기억들로 인해 오히려 증상이 악화되어 치료를 중단해야만 하는 경우도 생기기 때문이다.

어른의 경우에는 트라우마가 제거되었을 때 심신의 건강이 비교적 빨리 회복되는 사례가 적지 않다. 원래 다른 정신질환이 있는 경우에는 트라우마로 인한 플래시백이 사라짐으로써 원래의 증상이 뚜렷해져 그에 집중되는 적절한 치료를 할 수 있다.

다음은 복잡성 PTSD로 고통스러워하는 부모의 증상과 치료 사례다. 발달성 트라우마 장애로 힘들어하는 아이에게 부모의 복잡성 PTSD가 미치는 영향에 대해 알아보자.

반복되는 폭력이 괴로워

3살이 되어도 말을 못하는 미와 양을 데리고 진료실을 찾은 마리코 씨(30대)는 얼굴색도 안 좋고 몸도 비쩍 말라 있었다. 남편의 폭력을 피해 아이를 데리고 보호센터에 들어간 적도 있었다. 남편의 폭력은 프라이팬으로 때리거나 칼 같은 흉기를 휘두르는 등 정말 섬뜩했다고 한다. 어린 미와 양에게 손찌검을 하게 된 것과 둘째를 유산한 것을 계기로 마리코 씨는 집을 뛰쳐나왔다. 조정을 거쳐 남편과 이혼한 후 미와 양을 홀로 키우고 있었다.

마리코 씨에게 과거 통원 경력이 있는지 묻자, 초등학생 때 자폐 스펙트럼 장애를 진단받은 적이 있다고 했다. 주위 사람들과 대화를 나누는 것이 힘들어 친한 친구 한 명 없었고, 난독증이 있어 학교 공부도 좀처럼 따라가지 못했다. 그런 마리코 씨는 어머니에게 칭찬받은 기억도 사랑받은 경험도 없노라고 했다. 아버지는 아주 조용한 분이었지만 술만 마시면 사람이 달라지면서 어머니를 윽박지르고 괴롭혔다.

혼자 미와 양을 키우기로 결심한 마리코 씨였지만, 과호흡, 심한 두근거림, 호흡곤란 등으로 정신의학과에 입원과 퇴원을 반복하면서 투약치료와 상담치료를 받았다. 여러 차례의 입원으로 마리코 씨는 자신을 객관적으로 바라볼 수 있게 되었고, 다행히 발달장애를 가진 사람을 지원하는 NPO법인에 참가하고 파트타임으로나마 일할 수 있을 정도로 회복의 징후를 보였다.

그 무렵 마리코 씨는 일을 하다 그만 실수를 하게 되었는데, 거래처 남성이 그녀에게 큰소리로 윽박지르며 화를 내는 일이 발생했다. 그 순간 마리코 씨 머릿속에 불현듯 떠오른 것은 더러운 욕을 어머니께 퍼붓는 아버지의 모습이었다. 마리코 씨는 그 자리에서 정신을 잃고 구급차에 실려 갔고, 그때부터 공포 때문에 외출을 할 수 없게 되었다.

그리고 감정의 기복이 심해져 육아노이로제 증상을 보이기 시작했다. 며칠씩 자리에 누워 집안일도, 미와 양을 돌보는 것도 일절 하지 못하게 된 것이다. 다행히 NPO와 아직 연락이 닿아 있던 덕에 지역의 육아지원센터 직원의 도움을 받을 수 있었다. 그때 가끔 괴성을 지르며 방 안을 날뛰는 미와 양의 모습을 본 직원이 진료를 받아보라고 제안했다고 한다.

발달장애가 증폭된 애착장애의 치료

미와 양에게 자폐 스펙트럼 장애가 의심되는 증상이 보여서 검사를 받아보기로 했다. 멀트리트먼트에 기인한 애착장애가 심화되어 해리성 장애까지 보이고 있었다. 이런 경우에는 의료자가 장애의 발달특성을 충분히 이해한 다음 애착장애의 치료와 지원을 진행할 필요가 있다.

해리 치료를 위해 자아상태요법^(81쪽 참조)을 이용하였다. 해리성 장애가 있는 사람의 마음속에는 전혀 다른 인격을 가진 복수의 부분 인격이 존재한다. 자아상태요법에서는 갈등을 일으키고 있는 부분 인격에 주목한다. 먼저 안전한 장소를 상상하고 마음을 차분히 가라앉힌 다음, 그룹 테라피처럼 제각각의 부분 인격과 교류하고 대화함으로써 트라우마의 원인과 치료의 실마리를 찾아간다. 약물요법과 EMDR^(81쪽 참조)을 이용한 트라우마 치료를 병행하면서 이 활동을 반복하자 서서히 마리코 씨의 증상은 개선되었다.

사례 연구 3 복잡성 PTSD를 가진 아버지

아버지의 폭력, 어머니의 방임

켄이치 씨^(30대)는 사춘기 때 아버지가 바람을 피워 집을 나간 이래로 어머니와 단둘이 지냈다. 아버지가 집을 나가기 전까지 켄이치 씨는 아버지에게 10년 이상 폭력을 당했고 학교에서는 따돌림을 당했다. 혼자 살림을 책임져야 하는 어머니는 늘 부재중이라 어머니가 만들어주신 음식을 먹어본 경험이 거의 없었다.

자신을 버리고 간 아버지를 평소 의식해본 적은 없었지만, 칼을 든 자신이 아버지를 죽이려 하는 꿈을 자주 꾸었다. 그런 꿈을 꾼 다음 날 아침이면 기분이 우울해져 자해행위를 한 적도 있었노라 했다.

켄이치 씨는 일을 하면서 야간대학을 졸업하고 연애결혼을 해서 '유키'라는 아들을 얻었다. 아내는 자녀 양육은 자신 없다고 공언한 채 일에만 몰두하였다. 아내는 출장으로 집을 비우는 일이 많았으므로 집안일과 육아는 켄이치 씨가 도맡아야 했다. 어린이집은 물론이고 공원에 나가도 보이는 건 아이들을 데리고 나온 엄마들뿐이었다. 아이에 대해 이야기할 사람이 아무도 없는 켄이치 씨의 육아는 그야말로 독박육아였다.

유키 군이 초등학교 2학년이 되었을 때의 일이다. 담임에게 "교실 분위기를 파악하지 못하고 친구들과 문제를 일으키는 일이 잦다. 발달장애가 아닐까 염려된다"는 이야기를 듣고 귀를 의심했다. 집단행동을 잘 못한다는 것은 알고 있었지만, 그것은 단지 아들의 성격일 뿐 학교생활에 문제가 될 정도는 아니라고 생각했기 때문이다. 그에 대해 아내에게 말하자 아내는 그 전보다 더 아들에게 무관심해졌다. 부부관계는 악화되어 한집에서 지내지만 별거나 다름없는 생활을 하고 있었다.

아버지와 아들을 위한 치료

처음 진료실에서 만난 유키 군은 창밖만 바라볼 뿐 나와 시선을 맞추려고 하지 않았다. 확실히 자폐 스펙트럼 장애가 의심되는 증상이지만 그렇다고 특별지원학급으로 전환할 필요까진 없다고 판단했다. 집단치료와 교육을 받을 수 있는 시설을 소개하고 우리도 정기적으로 상태를 지켜보기로 했다.

한편 켄이치 씨는 "귓가에 아버지 목소리가 들리고 악몽을 꾸는 횟수가 많아졌다"고 호소했다. 우리 진료실을 찾기 전에 자택 근처의 심리치료과에 다녀보았지만, 증상은 좀처럼 나아지지 않았다. 먼저 처방받았던 약을 확인하고 불필요하다 싶은 것은 복용을 그만두도록 했다. 그런 다음 약물요법과 EMDR에 의한 트라우마 치료를 병행했다. 그 결과 환청, 복통, 다리 쪽에 드는 강한 위화감 등의 증상이 서서히 개선되었다.

켄이치 씨는 사례연구 ②의 마리코 씨와 마찬가지로, 아이의 문제로 병원을 찾았다가 자신의 트라우마를 치료하게 된 경우다. 이처럼 어릴 때의 부정적인 경험으로 생긴 마음의 상처를 치유하지 못하면, 성인이 되어서 건강한 정신으로 아이를 키우지 못하거나 자녀 양육을 포기하는 위기를 겪을 수 있다. 아이를 위해서라도 트라우마를 해소할 수 있는 적절한 치료가 필요하다.

'리질리언스'의 차이는 어디에서 생기는가?

지금까지 어릴 때 경험한 멀트리트먼트로 트라우마를 갖게 되고 그대로 어른이 된 사람이 어떤 마음의 상처를 안고 있고 그에 대한 치료법은 무엇이 있는지를 살펴보았다. 이제는 조금 초점을 바꿔서 마음의 상처를 딛고 일어설 수 있는 힘, '리질리언스(resilience)'에 대해 생각해보자.

정신의학 분야에서는 심각한 트라우마를 경험하거나 만성적인 스트레스를 안고 생활하더라도 잘 순응하는 능력 혹은 그 과정이나 결과를 리질리언스라고 한다. '정신적 회복력', '정신적 탄력성'이라고도 한다.

실제로 멀트리트먼트를 경험하고도 발달단계에서 정신적인 질환을 앓지 않고 성장하는 아이도 있다. 그런 개인차는 어디에서 오는 것일까? 그 수수께끼를 풀기 위해 현장에서는 멀트리트먼트를 당한 아이의 리질리언스에 대한 연구가 왕성하게 이루어지고 있다.

선행연구에 따르면, 첫째로 '개인의 특성'을 들 수 있다. 예컨대 지능이 높다, 자기긍정감이 강하다, 자아가 유연하다, 자제력이 있다, 필요에 따라 타인과 대화를 나눌 수 있다, 상황 판단력이 뛰어나다, 긍정적인 사고방식을 가졌다 등의 특징이다.

둘째로 '가정의 특성'을 들 수 있다. 따뜻하고 안심할 수 있는 가정환경과 부모와의 건전한 애착 형성 등이 이에 속한다.

마지막으로 '사회적 특성'을 들 수 있다. 가족 이외의 어른이나 친구와의 안정된 관계, 학습장소의 탄탄함, 지역 사람들과의 관계, 공적기관의 지원 등을 포함한 사회적 네트워크의 충실도 등을 말한다.

멀트리트먼트를 당하고 있는 아이는 '가정적 특성'이 결여된 경우가 대부분이므로 '개인적 특성'과 '사회적 특성'이 리질리언스를 지탱해주는 큰 버팀목이 된다.

사회적 지원이 아이의 리질리언스를 높인다

"멀트리트먼트가 심할수록 아이의 리질리언스는 훨씬 더 '사회적 특성'에 의존한다."

도요에이와여자대학의 구보타 마리 교수는 선행연구를 예로 들면서 이와 같이 지적했다.

　이탈리아 토리노대학의 마리아 제커니노(Maria Zaccagnino) 교수 연구진은 어린 시절 부모와 자녀 간의 애착 형성에 문제가 있음에도 불구하고 성인기에 안정된 애착 형성을 갖춘 사람들은 12세 이전의 시기에 부모를 대신하는 양육자나 지원자가 곁에 있어 정서적인 후원을 꾸준히 받아왔다고 보고하였다.

　미국 미네소타대학 바이런 에그랜드(Byron Egeland) 교수 연구진도 멀트리트먼트를 받아온 아이가 자라 엄마가 됐을 때 학대의 대물림을 끊는 데 성공한 사람은 어린 시절 부모 이외의 어른으로부터 든든한 정서적 지원을 받아왔고 친구들과의 사이에도 서로 돕고 힘이 되어주는 관계를 형성해왔다고 밝혔다.

　한편 아이가 복합적 멀트리트먼트나 지나친 스트레스를 지속해서 받으면, 앞서 말한 개인적 특성의 효과는 약해지고 리질리언스가 저하된다는 지적도 있다. 아이가 개인적 특성뿐 아니라 사회적 특성을 갖추고 있더라도 마음의 병이 중증일수록 리질리언스는 약화된다고 한다. 이처럼 상황이 심각한 경우에는 아이의 마음의 병을 치유하면서 부모를 대신할 어른이 가까이에서 조금씩 리질리언스를 높여줄 필요가 있다.

　구보타 마리 교수는 '작은 스트레스'를 이겨내는 성공체험을 축적함으로써 큰 스트레스에 직면했을 때 '큰 피해를 입지 않고' 극복할 가능성이 있다는 점에 주목했다. 예를 들면 어쩌다 부모를 떠나 조부모의 집에 가서 자고 올 때의 '슬픔'을 극복하면, 다음에 혹여 부모님과 오랫동안 떨어져 지낼 상황이 생겼을 때 그다지 큰 충격이나 스트레스 없이 이겨낼 수 있다는 연구 사례가 있다. 멀트리트먼트를 받는 아이의 경우, 마음의 치유가 무엇보다 우선시되어야 하지만, 훈련과 치료를 통해 리질리언스를 조금씩 향상시킬 수 있다는 것은 희망적인 견해라 할 수 있다.

부모라는 이름

부모라는 이름 부모의 뇌를 치유해야
아이의 뇌가 달라진다

'부모의 뇌'가 변하면
'아이의 뇌'도 달라진다

| 제3장 |

'부모의 뇌'가 변하면 '아이의 뇌'도 달라진다

일본사회에서는 60%가 '체벌 용인'

2018년 2월, 세이브더칠드런 재팬은 「아이의 훈육을 위한 체벌 등의 의식, 실태조사 결과 보고서」를 발표하였다. 그에 따르면 전국 20세 이상의 남녀 2만 명을 대상으로 한 설문조사에서 '체벌을 용인한다'고 답한 사람은 전체의 약 60%나 되었다(그림 3-1). 즉 여전히 많은 사람이 체벌에 관대하고, 훈육을 위해서라면 어느 정도의 체벌은 괜찮다고 생각한다는 말이다.

이 조사에서는 체벌 내용에 따른 의식 차이도 확연하게 드러났다(복수응답 허용). '주먹으로 때린다', '물건을 이용해 때린다', '사정없이 머리를 때린다' 등의 행위에 대해서는 10%가, '손바닥으로 뺨을 때린다'는 30%가, '엉덩이를 때린다', '손등을 때린다' 등의 행위에는 70%가 용인한다고 답했다.

정도가 심한 체벌은 피해야 하지만, 가벼운 체벌은 '경우에 따라서는 어쩔 수 없는 일'이라는 의식이 잠재해 있는 것이리라.

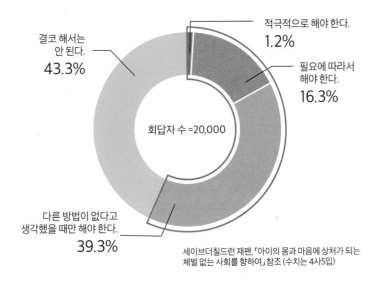

결코 해서는
안 된다.
43.3%

적극적으로 해야 한다.
1.2%

필요에 따라서
해야 한다.
16.3%

회답자 수 =20,000

다른 방법이 없다고
생각했을 때만 해야 한다.
39.3%

세이브더칠드런 재팬, 「아이의 몸과 마음에 상처가 되는
체벌 없는 사회를 향하여」 참조 (수치는 4사5입)

그림3-1 "훈육을 위해, 아이를 체벌하는 것에 대해 어떻게 생각하는가?" 라는
질문에 대한 대답

하지만 아이에게 체벌은 신체적 고통뿐만 아니라 마음의 상처와 직결된다. '가벼운 체벌에는 상처 입지 않는다'는 생각은 결코 용납되어서는 안 된다.

또 체벌은 가속화될 위험성을 내포하고 있다. 진료현장에서 문진을 할 때에도 "처음에는 살살 때릴 생각이었는데 나도 모르게 점점 감각이 무뎌져 갔다"라고 말하는 부모가 많다. 이유야 어떻든, 정도가 어떻든 체벌은 아이의 성장을 현저하게 파괴한다. 체벌은 틀림없는 '폭력'이다. 우리 사회 전체가 체벌에 대한 의식을 바꿔야 한다.

'체벌'은 사랑의 매가 아니다

학교와 같은 교육현장에서도 '체벌'이라는 폭력의 흔적이 보인다. 일본의 학교교육법 제11조에 체벌금지가 명문화되어 있음에도 불구하고 그 규정이 철저하게 지켜지지 않고 있다. 체벌금지에 대해서는 2019년 2월 UN의 「아동의 권리위원회(Committee on the Rights of the Child)」가 발표한 보고서에도 명시되어 있다.

교육현장의 폭력 흔적의 예를 들자면, 운동부의 코치나 고문을 역임하는 사람 중에는 지금도 체벌을 일상적으로 가하는 사람들이 있다. 그런 사람의 대부분은 한때 코치로부터 체벌을 받았던 경험이 있다. "우리는 그 체벌을 버텼기 때문에 강해질 수 있었다. 그것은 폭력이 아니라 사랑의 매다"라고 말하는 사람도 적지 않다.

'사랑의 매'라는 말의 의미를 멋대로 해석하고 그것을 용인하는 것은 우리가 지금까지 키워온 사고방식과도 깊은 연관이 있다. '체벌' 자체에 대한 인식이 너무 안이하다고 말하지 않을 수 없다.

가벼운 체벌에도 아이의 문제행동 리스크는 올라간다

체벌에 대해서는 1장에서 다룬 뇌 과학적 증거들과 더불어 생각하는 것이 좋다. 미국 텍사스대학의 엘리자베스 거쇼프(Elizabeth Gershoff) 교수와 미시건대학의 앤드류 글로건 카일러(Andrew Grogan Kyler) 교수의 연구에서 '엉덩이를 때리는' 정도의 가벼운 체벌도 성장 단계에 있는 아이의 문제행동으로 이어진다는 결과가 나왔다.

과거 50년에 걸쳐 대략 16만 명의 아이들을 대상으로 이루어진 연구를 토대로 메타분석(복수의 연구 및 결과를 비교하고 통합하는 등의 방법)한 결과, 어른이 '가볍다'고 생각하는 체벌이라도 다음과 같은 '유해한 결과'를 초래할 우려가 있다고 한다.

- 규범이나 규칙을 지키는 준법정신이 생성되기 어렵다.
- 공격적이 되기 쉽다.
- 집단에서의 행동에 어려움을 겪는다(반사회적 행동).
- 대외적/내면적 문제행동의 위험이 높아진다.
- 마음의 건강이 위협받는다.
- 부모와 자녀 간의 애착 형성이 저해된다.
- 인지능력이 저하된다.
- 자기긍정감이 생기기 어렵다.
- 부모의 또 다른 폭력을 유발하기 쉽다.
- 성인이 된 후 반사회적 행동/정신질환을 보인다.
- 성인이 된 후 자신의 체벌행위를 용인하게 된다.

또 2017년 도쿄의과치과대학의 후지와라 다케오 교수, 하버드대학 공중위생대학원의 이치로 카와치 교수가 발표한 연구에서도 위와 같은 결과를 얻었다. 후생노동성의 조사자료를 이용해 일본의 아이들 2만 9,000명의 '성장'을 분석한 결과, 3.5세 때 부모에게 '엉덩이 맞기' 등의 가벼운 체벌을 받은 아이는 5.5세가 되면 '차분하게 이야기를 듣지 못한다', '약속을 지키지 못한다' 등의 문제행동을 일으킬 위험이 전혀 체벌을 받지 않은 아이에 비해 1.5배 정도 높게 나왔다고 한다. 게다가 체벌 빈도가 높을수록 문제행동의 위험 역시 높아졌다.

앞에서 언급한 위험한 증상들은 1장에서 다룬 전두전야(감정이나 사고, 행동, 집중력, 의사결정, 그리고 공감을 관장하는 뇌의 부위)의 성장을 방해한다.

때리지 않고 소리치지 않고 아이를 키울 수 있을까?

부모의 폭언과 체벌을 받으며 자란 사람은 부모가 됐을 때 '폭언과 체벌'이 자녀 양육의 표준이 되어버릴 가능성이 높다. 그런 사람들은 이렇게 말한다.

"나도 그런 엄격한 부모님 밑에서 자랐지만 이렇게 잘 컸습니다. 훈육을 위해서 그런 건데 뭐가 잘못이란 말입니까?"

그리고 덧붙여 묻는다.

"그럼 어떻게 말 안 듣는 아이를 안 때리고, 화도 안 내고 키울 수 있단 말입니까?"

분명 쉬운 일은 아니다. 모든 아이에게 딱 들어맞는 대답이 존재할 리 만무하므로, 내 아이에게는 어떤 접근법이 효과적인지 이 방법 저 방법을 시험해볼 필요가 있다. 아이에게 부정적인 감정이 스멀스멀 올라올 때는 잠시 아이로부터 시선을 돌리고, 아이와의 관계의 미래상을 '객관적'으로 그려보자. 그다음에 이 책에서 말한 멀트리트먼트가 아이의 뇌에 미치는 과학적 증거들을 떠올려보기 바란다.

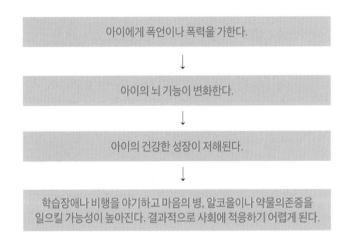

아이에게 폭언이나 폭력을 가한다.

↓

아이의 뇌 기능이 변화한다.

↓

아이의 건강한 성장이 저해된다.

↓

학습장애나 비행을 야기하고 마음의 병, 알코올이나 약물의존증을 일으킬 가능성이 높아진다. 결과적으로 사회에 적응하기 어렵게 된다.

자녀에게 이런 결말을 기대하는 부모는 결코 없을 것이다. 폭언이나 체벌을 안 하고 적절한 애착관계를 형성할 수 있다면, 웬만한 일로 부모와 자녀의 관계가 훼손되거나 파괴될 리 없다.

폭언이나 체벌은 공포심을 자극해 아이를 일시적으로 통제하는 수단일 뿐이다. 아이가 곤란한 행동을 했을 때 폭언이나 폭력에 의존하지 않고도 아이를 충분히 올바른 방향으로 이끌 수 있다. 아이를 돌보는 사람이라면 이러한 사실을 충분히 이해할 수 있어야 하고, 또 이를 가르칠 수 있는 배움의 장이 절실히 필요하다.

실제로 우리 진료실에서는 치료와 더불어 사회복지사나 심리치료사 등의 조력자들과도 연계해서 부모의 편중된 '자녀 양육관'을 수정하는 상담, 강습, 자녀 양육프로그램(부모 트레이닝=PT) 등의 기회를 마련해두고 있다. 다시 말하지만 '폭언과 체벌은 자녀 양육에 불필요한 것'이라는 사고방식을 사회 전반에 걸쳐 공유해야 한다.

부모의 성공체험 쌓기

아이들을 진료하면서 부모 또한 자기긍정감이 낮다는 사실을 체감했다. 이는 2장에서 설명한 복잡성 PTSD 증상과 관련 있다. 부모 본인이 건전한 애착 형성을 할 수 없고 칭찬받은 경험이 부족한 것이다.

누군가에게 칭찬을 듣고 공감을 얻는 경험은 사람이 살아가는 데 상당히 든든한 버팀목이 되어준다. 누군가에게 인정받는 경험을 축적함으로써 타인에 대한 친절과 배려가 생긴다. 그런 경험이 없던 사람이 '칭찬받는 것이 얼마나 큰 힘이 되고 긍정적인 마음을 갖게 하는지'를 알게 되면 그것이 계기가 되어 아이를 대하는 방법을 바꿀 것이라고 나는 믿는다.

그런 의미에서 나는 진료실을 찾는 부모들의 좋은 점을 발견하면 아낌없이 칭찬한다. 절대 말로만 하는 형식적인 칭찬이 아니다. "어머니, 대단해요", "아버님, 여기까지 정말 잘해오셨어요." 하고 진심을 담아 말하면, 처음에는 경직되어 있던 부모들의 표정이 서서히 풀리는 걸 알 수 있다. 내가 "나도 잘못할 때 많아요!"라고 실패담을 꺼내면 단숨에 분위기가 달라지면서 팽팽하던 긴장감이 스르르 녹아내린다. 가끔은 눈물을 뚝뚝 흘리며 자신의 속내를 허심탄회하게 털어놓는 부모도 있다.

내 전공은 아이를 치료하는 일이지만, 부모가 '좋은 자녀 양육'의 출발선에 서도록 돕는 것도 치료자로서, 또 조력자로서의 역할이라고 생각한다. 그러므로 나는 오늘도 진료실에서 진심을 다해 부모와 아이를 칭찬하고 또 칭찬한다.

'칭찬'의 연쇄

부모를 칭찬하면 작은 연쇄반응이 일어난다. 부모도 서서히 아이를 칭찬하게 되는 것이다.

진료실에서 부모에게 아이의 근황을 물으면 "도대체 말을 안 들어요", "엊그제도 어린이집에서 사고를 쳤지 뭐예요", "학교 선생님한테 또 불려갔다니까요" 하고 아이에 대해 부정적인 이 야기만 끝없이 늘어놓는다.

그럴 때 "그래도 칭찬할 게 한두 가지 정도는 있지 않나요?" 라고 물으면, 처음에는 대개 "없어요. 그런 게 있을 리 없잖아요."라는 대답이 돌아온다. 그런데 내가 부모의 노력에 대해 아무리 사소한 것이라도 칭찬해주면, 어느 순간 부모도 나를 따라 아이를 칭찬하게 된다.

칭찬받는 경험을 하면 '타인을 칭찬하는 기술'을 터득할 수 있다. 작은 일일지 모르지만, 긍정적인 행위가 '연쇄'하는 좋은 예라고 할 수 있다. 타인을 칭찬하는 기술을 체계적으로 발전시켜가는 프로그램이 있다. 바로 다음에 소개할 '부모 트레이닝' 이다.

부모 트레이닝으로 양육스킬을 배우다

부모 트레이닝(Parent Training, PT)은 미국을 중심으로 1960년대 무렵부터 급속히 발전한 트레이닝 방식이다. '자녀 양육교실', '자녀 양육프로그램'이라고도 불린다. 일상생활에서 아이를 어떻게 대하면 좋은 관계를 구축할 수 있고, 아이가 건강하게 성장해갈 수 있는지를 실천적으로 배운다. 좀 더 구체적으로 설명하면, 전문적 스킬을 가진 심리치료사가 부모와의 상담과 활동을 실시하고, 각 가정의 실정에 맞는 형식으로 부모의 아이에 대한 의식과 행동을 변화시켜 가는 트레이닝이다.

내 아이를 키우기 힘들다고 느끼고 양육을 불안해하는 부모들을 지원하는 방법의 하나로, 일본의 자녀 양육지원 현장에서도 널리 도입되고 있다. 처음에는 자폐 스펙트럼 장애나 ADHD 등 발달장애를 가진 아이의 부모를 위한 트레이닝 방법으로 도입되었는데, 자녀 양육의 어려움으로 고민하는 양육자들이 증가하면서 지금은 광범위하게 활용되고 있다. PT를 간략화한 PP(Parent Program) 등이 병행되기도 한다.

부모 트레이닝으로 아이의 발육이 달라진다

미국 페어리디킨스대학의 찰스 쉐퍼(Charles Schaefer) 교수는 PT를 이용한 최초의 사례로 프로이트에 의한 '소년 한스'의 예를 들고 있다.

프로이트가 정신분석 요법을 실시한 한스는 당시 5살이었다. 한스는 말에 대한 공포로 외출도 제대로 못하는 상태였다. 한스의 증상을 살펴본 프로이트는 어머니에 대한 애정이 깊은 반면, 아버지에 대한 적의와 아버지에게 벌을 받을 거라는 불안이 '동물공포'로 변형되어 나타난 것이라고 보았다. 프로이트는 한스를 직접 치료하는 대신, 아버지에게 한스의 언행을 분석하게 하고 아들을 대하는 태도를 바꾸도록 지도했다. 그 결과, 한스의 말 공포증은 개선되었다고 한다.

PT의 포인트는 육아를 힘들어하는 부모에게 해당 '아이'에 대해 충고하는 것이 아니라 아이를 대할 때의 기술과 지식을 갖추게 함으로써 '간접적으로' 아이의 행동을 바꿔가는 데 있다. 부모는 트레이닝에서 얻은 배움과 깨달음을 토대로, 아이에게 품었던 부정적인 감정과 아이를 대하는 부적절한 방식 등을 바꾸고 관계를 재구축해나간다.

PT는 '부모가 어떻게 대처하느냐에 따라 아이의 성장은 극적으로 달라진다'는 인식에 근거한 트레이닝 방법이다.

부모의 부정적인 사고방식을 '중립화'시키다

"많이 칭찬해주고 싶은데, 막상 야단치는 경우가 훨씬 많아요."

"내 아이의 행동을 이해하고 싶어요. 아이에게 어떻게 접근해야 할지 정말 모르겠어요."

"즐겁게 아이를 키우는 방법을 알고 싶어요."

이런 마음을 가진 부모를 지원하는 것이 PT다. PT의 흐름을 간단히 살펴보자. 먼저, 부모의 의식을 바꾸는 것에서부터 시작한다. 장난감을 어질러놓기 일쑤다, 밥 먹을 때 자주 음식을 흘린다, 옷을 안 갈아입으려고 한다, 학교 갈 준비가 느리다, 숙제나 준비물을 안 챙긴다 등등 일상생활에서 부모는 아이가 일으키는 온갖 상황과 직면한다. 부모가 원하는 대로 아이가 행동하지 않을 때 어른들은 자칫 '문제행동'이라고 판단하고 눈앞의 상황을 부정적인 이미지로 받아들이고 만다. 같은 상황이 반복되면 생각은 자꾸 부정적으로만 흘러간다.

"몇 번을 말해도 안 듣는다."

"나를 미치게 만든다, 제발 적당히 좀 하면 좋겠다."

"그렇게 말해줘도 못한다는 건, 어디가 좀 이상해서 그런 게 아닐까?"

이런 '부정적인 인지'가 작동하면 당연히 아이를 향하는 말과 태도에도 영향을 미친다. 거친 목소리로 고함을 치거나 엄격한 말투로 꾸짖는다. 그러다 더는 못 참고 엉덩이를 때리는 일이 발생한다.

그런 식으로 부모에게 야단을 맞았을 때, 아이는 '그래, 나에게 문제가 있으니까 다음부터는 잘할 수 있도록 노력해야지!', '두 번 다시 같은 실수는 하지 않을 거야!'라고 부모의 엄격한 충고를 순순히 받아들여 자신의 행동을 바꾸게 될까? 아니다. 오히려 토라지거나 반항하거나 겁을 먹어서 아이의 행동은 더 부정적인 방향으로 흘러가는 역효과를 내는 경우가 많다.

PT에서는 이런 곤란한 장면에 직면했을 때 부모가 부정적인 인지를 발휘하지 않고 아이의 상황을 중립적인 시점으로 바라볼 수 있도록 지도한다. "우리 애는 이것도 못해 저것도 못해"라고 부정적으로 보는 게 아니라 "지금은 여기까지 할 수 있어", "이건 바람직한 행동이야", "아무래도 여기부터가 많이 힘든 모양이다"라고 눈앞의 아이를 차분하게 관찰한다. 요컨대 한 발짝 물러서서 하나하나 주의 깊게 아이의 상황을 다시 살펴보는 것이다.

아이의 행동을 관찰하고 냉정하게 상황을 파악하는 힘

PT에서는 1~2주에 한 번꼴로 전문가에 의한 트레이닝 활동이 약 10회에 걸쳐 이루어진다. PT를 실시하는 기간에는 PT전문가가 아이와 직접 면담하지 않는다. 아이와 직접 대면하는 것은 어디까지나 부모다. PT활동에서 이야기 나누고 배운 내용을 가정에 돌아가 아이와 실천하고 그 결과를 다음 활동에서 보고하고 검토하는 프로세스를 꾸준히 진행한다.

이렇게 해서 부모가 아이의 행동과 상황을 냉정하게 판단하게 되고, 말투와 태도 등 아이를 대하는 방법을 바꿔나가면 아이의 행동도 보다 희망적인 방향으로 변하게 된다. PT를 수강한 부모의 스트레스가 크게 줄고 자녀 양육 자체를 긍정적으로 할 수 있게 되었다는 효과가 수많은 연구를 통해 밝혀졌다. 부모의 의식과 행동이 바뀜으로써 아이의 문제행동이 개선되었다는 보고도 많다.

PT의 효과를 뇌 과학적으로 해명할 수 있을까?

PT의 간접효과에 대해서는 지금까지 많은 검증이 이루어졌고, 그 내용은 통계학적으로 타당성이 높다고 평가받는다. 다만 '주관적'인 질문지평가(관찰자=부모의 질문항목에 대한 회답 등)를 이용한 검증에 그쳐, '객관적'인 검증이라는 측면에서는 충분하지 못했다.

그래서 우리 연구실에서는 PT를 받은 부모의 뇌 기능을 조사하여 실제로 부모의 뇌에서 무슨 일이 벌어지고 있는가를 검증하였다. 이뿐만 아니라 PT를 통해 아이에 대한 부모의 태도가 달라지면 아이의 뇌에는 어떤 영향이 나타나는지에 대해서도 조사했다. 신경심리학적인 평가에 근거한 인지행동의 과제를 이용해 아이의 인지 수준에서의 변화를 검증하는 것이다. 이에 대해 자세히 살펴보도록 하자.

ADHD인 아이의 부모에게 협력을 구하여 ADHD 특유의 증상이 PT를 받은 후 어떻게 개선되는가를 알아보았다. ADHD 특유의 증상은 다음과 같다.

- 물건을 잘 잃어버리는 등의 '부주의성'
  → '주의기능'과 연관된 행동
- 차분하지 않는 등의 '과잉행동성'
  → '억제기능'과 연관된 행동
- 기다리지 못하고 반사적으로 행동하는 '충동성'
  → '억제기능'과 연관된 행동

이번 연구에서는 부주의성과 관계 깊은 주의기능에 주목하여, 'PT로 아이의 주의기능이 개선될 수 있다'는 가설을 세우고 검증을 시작했다.

PT수강그룹과 PT대기그룹의 비교

대상은 지능지수(IQ) 70(자립하여 사회생활을 할 수 있다고 판단되는 수치) 이상의 ADHD 진단을 받은 6~12세 아이와 그 부모 10쌍이다. 또 치료의 일환으로 항ADHD약을 복용하고 있는 경우, 수강기간 중에는 약의 양과 종류를 변경하지 않는다는 조건을 달았다.

그런 다음 아이의 부모를 'PT수강그룹'과 'PT대기그룹'으로 나누고, 수강그룹의 부모에게는 약 3개월에 걸쳐 주1회 2시간의 PT활동을 총 13회 수강하도록 했다. 실시한 PT의 프로그램은 일본PT연구회가 정한 「PT 기본플랫폼」에 기초하여 작성한 것이다(그림 3-2).

첫 번째 활동에서는 ADHD의 특징적인 증상, 역할, 치료법 등 기초 지식을 강의한 후 2회부터는 다음과 같은 순서로 진행한다.

● **부모에 대한 심리적 지원**

PT전문가는 먼저 참가자의 긴장감을 풀어주고 마음을 편안하게 하는 방법을 가르친다. 왜곡된 인지를 수정하고 아이에 대한 적절한 행동을 취하도록 한다. 또 냉정함을 유지하고 화를 조절하기 위한 '화 관리법'을 체험하도록 한다. 나아가 스트레스를 줄이는 방법을 '스스로' 찾아내는 트레이닝도 실시한다. 그리고 아이의 안전을 지키기 위해 필수인 주변과의 연대에 대해 부모가 알아두어야 할 정보를 이야기한다.

● 아이의 행동에 대한 대처법

아이의 행동을 관찰하는 것이 중요하다는 것을 설명한다. 아이를 칭찬하는 법, 지시하는 법, 아이가 생활하는 데 있어 효율적인 계획 세우는 법, 칭찬스티커 등을 이용해 '바람직한 아이의 행동'을 늘려가는 방법도 소개한다. 중간에 부모와 자녀가 함께하는 시간을 만들어 놀이하도록 하고 놀이 중에도 아이를 관찰하고 칭찬하면서 즐길 수 있도록 한다. 또 타임아웃(아이의 나이에 맞는 시간을 정해 몇 분간, 다른 방 의자에 앉아 혼자 차분해지기를 기다리게 하는 방법), 벌칙(TV나 게임 시간을 줄이는 등, 나쁜 행동의 정도에 비례하게 내리는 벌) 등을 이용해 '바람직하지 않은 행동'을 줄여가는 방법에 대해서 이야기한다.

제1회	오리엔테이션, ADHD에 관한 심리적 교육
제2~4회	부모에 대한 심리적 지원 • 긴장 풀기 • 화 관리 • 가족과 학교, 그리고 주변과의 연대
제5~12회	아이의 행동에 대한 대처법 • 행동 관찰 • 바람직한 행동을 늘리는 방법 • 바람직하지 않은 행동을 줄이는 방법 • 효과적으로 지시하는 방법 • 용서하기 힘든 행동에 대한 대응
제13회	복습, 전체의 정리

그림 3-2 PT의 프로그램 개요

PT의 효과는 부모와 자녀 각각의 '평가법'으로 판단

부모에 대해서는 PT수강을 전후하여 질문표를 이용한 평가 테스트를 실시한다. 평가표는 다음과 같은 내용으로 구성된다.

- 부모에 의한 아이의 행동 체크리스트
- 아이의 ADHD 증상 평가
- 부모의 육아 스트레스 척도

아이에게는 객관적인 판정이 가능한 '신경심리학적 평가'를 실시한다. 구체적으로는 다음과 같은 게임감각의 주의기능 과제에 도전하도록 한다.

컴퓨터 화면에 '목표물 자극'과 '비목표물 자극' 2종류의 사

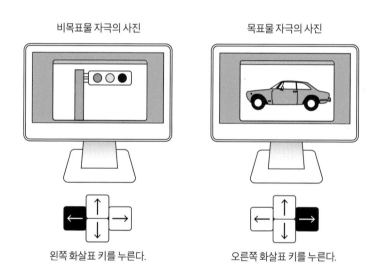

비목표물 자극의 사진   목표물 자극의 사진

왼쪽 화살표 키를 누른다.   오른쪽 화살표 키를 누른다.

그림3-3 아이의 주의기능을 보기 위한 과제

진을 랜덤으로 표시한다. 가령 자동차의 사진을 '목표물 자극'이라고 하고, 신호등 사진을 '비목표물 자극'이라고 하자. 아이에게는 자동차를 보면 오른쪽 화살표 키를, 그 밖의 것이 보이면 왼쪽 화살표 키를 가능한 한 빨리 누르라고 지시한다^[그림 3-3].

참고로 이 주의기능 과제를 ADHD 증상이 있는 어른에게 실시한 선행 연구가 있다. ADHD 증상이 있는 사람은 정상인 사람에 비해 목표물 자극에 대한 반응시간이 상당히 늦고, 목표물 자극에 대한 실패 수도 확연히 많다는 결과가 나왔다.

PT를 수강한 부모의 뇌가 변화

검증을 시행하기에 앞서 10쌍의 가족 모두에게 평가 테스트뿐 아니라 뇌의 MRI 검사를 실시하였다. 그리고 PT수강그룹이 모든 활동을 마친 후 수강그룹과 대기그룹의 모든 가족을 대상으로 같은 평가테스트와 MRI 검사를 실시하여 차이를 검증하였다. 그랬더니 상당히 흥미로운 결과가 나왔다.

먼저, 부모 자신의 결과부터 살펴보자. '부모의 육아 스트레스 척도'의 결과에 따르면, PT대기그룹의 '육아 스트레스' 점수가 증가한 반면 수강그룹의 점수는 감소하였다. 수강팀의 스트레스 내용은 부모 자신의 인격이나 사회적 지원의 유무 등에서 생기는 '부모 요인 스트레스'와 아이의 증상 등이 원인이 되어 생기는 '아이 요인 스트레스' 모두 감소하였는데, 특히 '아이 요인 스트레스'에서 엄청난 감소가 관찰됐다(그림 3-4).

그리고 놀랍게도 PT를 수강한 부모의 뇌 기능에도 변화가 나타났다. 긴장을 풀고 아무 생각도 하지 않는 안정 상태에서의 부모의 뇌 활동을 보면, PT개시 전에는 수강그룹과 대기그룹의 뇌 활동에 차이가 없었다. 그런데 PT를 마친 수강그룹에서, 좌뇌 상측두회의 활동이 저하한 것이 발견되었다(그림 3-5).

상측두회는 음성처리나 커뮤니케이션을 관장하는 곳으로, 이 부위의 활동이 저하했다는 것은 그 사람이 편안한 상태에 있음을 나타낸다. 선행연구에서는 전두전야의 복측부와 상측두회의 네트워크 활동이 차분한 사람일수록 자존감이 높다는 지적도 있다.

PT를 수강한 부모의 뇌는 이 네트워크 활동도 저하되어 있었다. 자존감이 이전보다 높아졌고 보다 더 긍정적인 신경회로가 만들어졌다고 할 수 있다. 이것은 현시점에서 가장 새로운 객관적인 평가에 의한 견해라 할 수 있다.

또한 부모에 의한 아이의 'ADHD 증상평가' 점수도 PT수강 그룹이 대기그룹보다 훨씬 좋아졌다.

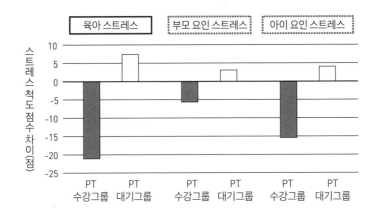

그림3-4 부모의 육아 스트레스 척도의 결과

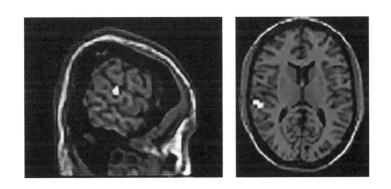

그림3-5 하얀 부분은 PT 후, 활동이 저하한 좌뇌의 상측두회

우리는 앞으로 더 많은 피험자 자료를 수집하고 분석하여 이 견해를 확립해나갈 계획이다.

부모가 PT를 받으면 아이의 주의기능이 향상된다

아이를 대상으로 실시한 신경심리학적 평가(컴퓨터를 이용해 주의기능을 조사한 과제)의 결과를 살펴보자. 키를 잘못 누른 것을 의미하는 '에러수'를 보면, 두 그룹 모두 부모의 PT수강 전후 상관없이 통계적인 차이가 없었다. 하지만 '반응시간'을 보면, PT수강그룹의 아이는 빨라졌고 대기그룹의 아이는 반응이 느려졌다는 것을 알 수 있었다. 이 반응시간의 변화량은 수강 전을 '0'으로 했을 때 수강그룹의 아이에게서 상당한 감소가 나타났다(그림 3-6).

게다가 PT는 아이의 뇌에도 좋은 변화를 가져왔다. PT수강그룹 아이와 대기그룹 아이의 뇌를 비교했더니 PT수강그룹의 소뇌 일부가 활성화되어 있었다(그림 3-7). 소뇌는 주의기능이나 실행기능과의 연관을 시사하는 영역이다.

연구는 아직 진행 중이지만, PT 후 아이를 대하는 부모의 태도가 달라짐에 따라 아이의 주의기능이 향상되고, 이와 더불어 소뇌의 활동이 항진되었다고 해석할 수 있다.

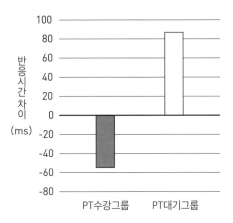

그림3-6 아이의 신경심리학적 평가의 결과(반응시간)

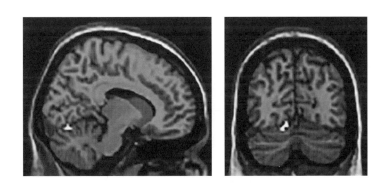

그림3-7 하얀 부분은 활동이 활발해진 소뇌의 일부

아이의 뇌 기능 변화와 더불어 문제행동도 개선

'부모에 의한' 아이의 행동 체크리스트 점수를 보자. 질문표에는 아이의 행동에 대한 상세한 질문과 답변에 따른 점수가 적혀 있는데, 점수가 높을수록 문제가 있다고 판단한다. 참고로 PT수강 전에는 이 점수에 큰 차이가 없었다.

하지만 수강 후에 실시한 평가에서 '아이의 주의 문제'라는 질문항목의 점수를 살펴보니 수강그룹은 대기그룹에 비해 꽤 큰 폭으로 감소했음을 알 수 있었다. 반대로 대기그룹에서는 이 점수가 높아졌다. 이는 부모가 보기에 '집중력이 오래 가지 않는다'와 같은, 아이의 주의력 문제가 수강 후에 개선되었을 가능성을 보여준다(그림 3-8).

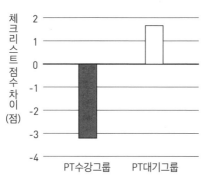

그림3-8 부모에 의한 아이의 행동 체크리스트 평가 결과

PT수강으로 부모의 뇌에 긍정적인 신경회로가 만들어지면 어떤 일이 발생하는가를 정리하면 다음과 같다(그림 3-9).

1. 부모의 육아 스트레스가 개선된다.
2. 아이의 주의기능이 향상된다.
3. 아이의 문제행동이 개선된다.

PT의 효과는 이처럼 부모의 스트레스 개선과 아이의 행동 변화를 가져올 뿐 아니라, 부모와 아이의 뇌 기능에 좋은 영향을 미친다. 이는 특기할 만한 일이다.

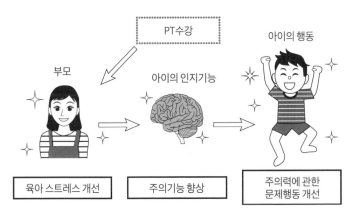

그림 3-9 PT의 효과

과학적인 증거가 부모의 자신감을 높인다

PT수강이 아이에게 미치는 간접적인 효과를 기존의 주관적인 행동 표현의 수준을 넘어 객관적인 인지레벨에서도 확인할 수 있었다. 이는 향후 PT를 실시하는 데 있어서도 상당히 의미 있는 일이라 할 수 있다.

실제로 PT를 수강하는 부모들로부터, "아이를 키울 자신이 없어요", "눈앞의 아이를 어떻게 대해야 할지 모르겠어요" 같은 불안의 목소리를 많이 듣는다. PT를 통해 아이를 대하는 자신의 태도가 바뀌고, 그 결과 아이의 성장도 훨씬 좋아진다면 부모에게 이보다 큰 기쁨은 없을 것이다.

또 과학적인 근거를 실제로 눈으로 확인할 수 있다면, 부모도 PT의 효과에 대해 납득하게 될 것이다. 아이의 성장을 보다 좋은 방향으로 바꾼 것이 다른 누구도 아닌 부모 자신이었다는 데 자부심을 가질 수 있고, 나아가서는 자녀 양육에 자신감 또한 갖게 된다.

다음은 실제로 이 연구에 참가한 한 엄마가 들려준 이야기다.

우리 집에는 초등학생 남자애가 둘 있습니다. 큰애는 자폐 스펙트럼 장애이고, 작은애는 자폐 스펙트럼 장애에 ADHD까지 있습니다. 일을 하면서 두 아들을 어떻게 키워야 할지 몰라 지푸라기라도 잡는 심정으로 PT를 받았습니다.

PT를 받고 알게 된 것은 아이들과 나는 전혀 다른 특성을 가진 인간이라는 사실이었습니다. 그때까지는 "이런 것까지 가르쳐줘야 하니?"라며 꾸짖기 일쑤고, 앞으로 어떻게 해야 좋을지 막막하기만 했는데, 프로그램에 참가하면서 아이들 저마다의 특성에 대해 자세히 배우고, 대처법을 자세히 알게 되면서 자녀 양육에 대해 냉정하게 생각할 수 있게 되었습니다.

아이들은 가족이나 학교 선생님 또는 반 친구들에게 항상 주의를 듣기만 하는 상황이었는데, 내가 PT에서 대처방법을 배움으로써 가족이 아이들에게 잘못된 태도를 취할 때 그것을 제지할 수 있었습니다. 선생님도 상황을 이해해주었고요.

"사람을 미워하지 마라, 시스템을 미워하라."

아이들이 나쁜 것이 아니라 뇌의 시스템에 문제가 있어서 이해하기 어려운 것이 있다고 배웠습니다. 아이들을 더 잘 관찰하고, 어떻게 해야 아이들의 행동이 더 좋아질지를 찾는 편이 야단쳐서 행동을 마무리 짓는 것보다 훨씬 빠른 길이고, 결과적으로 나 자신도 편해질 수 있다는 걸 알았습니다.

부모로서 아직 많이 부족하지만, 아이에게 뭔가를 전달할 때는 아이가 이해하기 쉬운 예를 찾아 제시하는 등 아이에게 말을 거는 법에 대해 신경 쓰고 있습니다. 가령 초등학교 1학년인 작은아이는 집단등교를 할 때면 항상 뒤처집니다. 그때마다 "형들이 기다리니까 빨리 가자"고 아무리 말해도 도무지 들으려 하지 않았습니다. 그래서 아들이 좋아하는 그림책 『헤엄이』(레오 레오니 저)를 예로 들어 "헤엄이는 커다란 물고기한테 안 먹히려고 친구들하고 한 무리가 돼서 헤엄쳐 갔지?"라고 이야기했더니, 풀만 만지작거리고 있던 손을 멈추고 서둘러 등교하는 친구들 무리로 돌아가더군요. 다른 아이들에게 효과가 있을지 어떨지는 모르지만, 제가 스스로 발견한 방법이 먹혔다는 것이 마냥 기뻤고 스트레스도 하나 덜었습니다.

직장을 다니면서 PT를 수강하는 것이 어렵긴 했지만, 거기서 배운 것들을 일상생활에서 실천함으로써 아이를 대하는 방법도 많이 달라졌고 아이와의 관계도 좋아진 것 같습니다.

부모의 긍정적인 뇌가 멀트리트먼트를 예방한다

자칫 혼자 고군분투하는 '고독한 자녀 양육'이 되기 쉬운 오늘날의 부모에게 무엇보다 필요한 것은 주변의 이해와 공감 그리고 자신감이다. PT를 통해 자신의 현 상태에 대해 전문가와 자녀 양육 동지에게 이해와 공감을 얻으면서 동시에 자신의 자녀 양육 방식을 스스로 바꿔나간다. 그 결과 부모는 '아이의 행동이 달라졌다'는 사실을 실감할 뿐 아니라 과학적인 증거 또한 확인할 수 있다. 평소 무던히 애쓰는 부모에게 이것만큼 든든한 용기를 주는 피드백은 없을 것이다.

'멀트리트먼트는 나쁜 것'이라는 점만을 강조하는 게 아니라 아이를 대하는 방법의 포인트를 터득하게 함으로써 부모에게 자신감을 심어주고 부모의 뇌를 '긍정의 뇌'로 바꾼다. 멀트리트먼트를 예방한다는 관점에서도 이것은 상당히 의미 있는 일이다.

또 '부정의 뇌'에 지배당해 있는 부모에 대해서도 뇌 과학의 발전으로 뇌의 이변을 더 빨리 발견할 수 있게 됐다. 이 역시 멀트리트먼트의 예방으로 이어진다. 메지로대학의 아라마키 미사코 교수와 시라우메가쿠엔대학의 무토 다카시 교수의 연구에 따르면, 부모가 아이에게 느끼는 부정적인 감정은 '부모 측'에 기인한 것과 '아이 측'에 기인한 것으로 분류된다.

- **부모 측에 기인한 것** : 부모가 된다는 스트레스, 부모의 사고방식과 신념, 태도 등
- **아이 측에 기인한 것** : 아이의 발달장애, 취약점, 기질의 난해함과 마음의 병 등

부모의 부정적인 감정과 스트레스는 신체적 피로와는 달리 막연하기만 할 뿐 명확히 손에 잡히지 않는다. 그중에는 만성화되어 마음의 피로를 모르고 지나치는 경우도 있을 것이다. '눈에 보이지 않는' 마음의 피로가 축적되면 자녀 양육이 곤란해져서 결국 멀트리트먼트로 이어질 우려가 있다. 그래서 우리는 마음의 피로 중에서도 부모가 쉽게 느끼는 '우울증'에 초점을 맞춰 뇌 기능의 변화를 파악함으로써 우울증의 '시각화'를 도모하는 연구를 추진하였다.

'시선'으로 그 사람의 기분을 추측하는 테스트

'우울증'이란 '기분이 가라앉고 막막하다', '슬픈 기분이 든다', '어떤 일에든 희망이 없다' 등의 마음의 상태를 가리킨다. 0~6세의 아이를 둔 27세에서 43세의 건강한 여성 30명의 협조를 얻어 fMRI를 이용한 실험을 하였다. MRI가 장착된 침대 위에서 사회능력과 관련된 과제를 풀게 하고, 그때의 뇌 활동을 영상으로 기록했는데, 과제는 '시선으로 마음을 읽는 테스트(Reading the Mind in the Eyes Test)'라는 것이었다.

먼저 '감정을 추측하는 과제'로 어른과 아이의 얼굴사진을 각

각 보여주고 사진의 표정을 읽어내는 테스트를 실시한다. 순서
는 이렇다. 얼굴 중에서도 눈에 한정된 사진을 보여주고 사진
속 인물의 기분을 추측하게 한다. 답은 이지선다로 한다. 예컨대
'혼란스러워하고 있다, 원망하고 있다' 중 하나를 선택하도록
한다. 다음으로 '성별을 판단하는 과제'라고 하여 앞의 과제와
같은 사진을 보여주고 이번에는 사진의 인물이 남자와 여자 중
어느 쪽인지를 선택하게 한다.

그리고 '감정 추측 과제'를 했을 때의 점수에서 '성별 판단 과
제' 때의 점수를 뺀다. 즉 성별 판단과 같은 지극히 일반적인 인
지를 실행했을 때의 뇌 활동과는 다른 상태만을 추출하여 타인
의 마음을 추측하는 능력과 관련된 뇌 활동의 추정치를 산출하
는 것이다. 참고로 타인의 감정을 추측하는 능력에는 우뇌의 하
전두회가 깊이 연관되어 있다. 이 부분의 활동이 활발할수록 상
대의 기분을 추측하는 능력이 높아진다.

시선으로 마음을 읽는 테스트와 병행하여 피험자에게는 '벡
우울 질문표'에 답하도록 한다. '벡 우울 질문표'는 미국 정신의
학과 의사 에런 벡(Aaron T. Beck)이 고안해낸 것으로, 자신의 우울증
상태를 자가평가할 수 있다.

피험자는 지난 2주 동안의 기분에 대한 21가지 질문항목에 사
지선다로 답하고, 점수의 합계를 낸다. 0~13점은 '극히 경증',

14~19점은 '경증', 20~28점은 '중등증', 29~63점은 '중증'으로 간주한다. '벡 우울 질문표'는 우울증의 진단기준을 충족하지는 못하지만, 회답이 10점 이상일 때는 '준임상영역'(정상과 질환의 경계역에 있음을 의미)으로 정의된다.

건강한 부모의 '부정의 뇌'를 발견

'어른의 감정을 추측하는 과제'에서는 우울증의 점수가 높은 사람일수록 '공감성'과 연관 있는 우뇌의 하전두회(그림 3-10) 활동이 더 저하되어 있음을 알 수 있었다(그림 3-11).

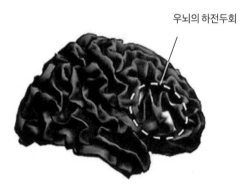

우뇌의 하전두회

그림 3-10 우울증 척도가 높은 사람의 우뇌 하전두회는 활동이 저하되어 있다.

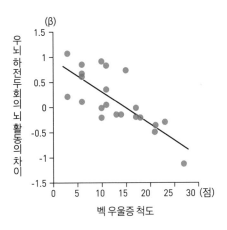

그림3-11 ── 하전두회의 뇌 활동과 벡 우울증 척도의 관계를 나타내는 근사직선

한편 '아이의 감정을 추측하는 과제'에서는 우울증 점수가 높더라도 사회능력을 조사하는 어른의 과제(시선으로 마음을 읽는 테스트) 때와 같은 뇌 활동의 변화는 나타나지 않았다. 아이를 키우는 일로 기분이 너무 우울하고 힘들 때, 부모는 아이의 기분을 이해하는 것은 평소처럼 가능한 반면 주변 어른들과의 커뮤니케이션 능력은 저하된다고 이해할 수 있다. 이 '부정의 뇌'를 한시라도 빨리 발견함으로써, 함께 아이를 키우는 주변 어른과의 사이에서 발생하는 대인관계상의 문제(가령 가족 간의 감정싸움)를 예방할 수 있다.

아이를 키울 때는 배우자는 물론이고 조부모, 어린이집 교사,

다른 아이들의 부모 등등 여러 사람의 도움을 받아야 할 경우도 적지 않다. 상대방의 기분을 추측하는 등의 사회적 활동과 연관되는 뇌의 기능이 저하되어 사회능력이 떨어지면, 정작 필요한 순간 도움을 구하지 못하고 '자녀 양육 곤란'의 위험이 높아진다. 건강한 부모라 하더라도 기분이 우울해질 때가 있다. '뇌 기능의 저하'를 시각화했다는 것이 이 연구의 성과라 할 수 있다.

이번 실험에서 사용한 MRI는 제한된 의료기관에만 설치되어 있기 때문에 어디서나 쉽게 사용할 수 있는 기기는 아니다. 만약 범용성이 높은 기기(광 토포그래피 등)를 이용한 검사가 일반에 보급된다면 아이의 정기 건강검진 때 부모의 뇌 검진도 간단히 할 수 있을 것이다. 이 같은 검사가 실시된다면, 부모만이 아닌 주변의 조력자도 부모의 스트레스나 마음의 피로를 객관적으로 파악할 수 있을 테고, 부모의 스트레스가 심각해지기 전에 지원의 손길을 내밀 수 있을 것이다.

자녀 양육 지원의 현장에서는 자녀 양육이 곤란한 상황에 놓여 고통받는 모든 부모에게 지원의 손길을 다 내밀지 못하는 것이 현실이다. 또 잠재적으로 자녀 양육 곤란의 싹을 마음속에 내포하고 있는 부모들에 대해서, 조력자도 그들의 SOS를 알아챌 판단의 단서가 없고 당사자도 자각하지 못하는 경우가 있다. 자녀 양육 곤란을 예방한다는 차원에서 향후의 연구 성과를 양육자 지원의 다양한 현장에서 활용할 수 있도록 모색 중이다.

멀트리트먼트를 사전에 발견하는 방법

멀트리트먼트를 예방하기 위한 또 하나의 연구를 소개한다. 우리 연구실 소속 시마다 코지는 자녀를 양육 중인 엄마를 대상으로 사회적 인지기능을 측정하는 실험을 했다. 참가자는 취학 전 아이를 둔 27~40세의 건강한 여성 52명이다.

노트북 화면에는 '쾌(긍정)'와 '불쾌(부정)'를 표시하는 얼굴 그림이 나열되어 있다. 피험자들이 할 과제는 '쾌의 표정' 혹은 '불쾌의 표정' 중 목표가 되는 얼굴을 탐색하는 것이다. 목표한 표정이 화면 안에 있다고 판단되면 'YES' 버튼을, 목표한 표정이 없다고 판단되면 'NO' 버튼을 그때그때 누르는 간단한 과제인데, 화면상에 표정이 많아질수록 탐색하는 데 드는 시간도 길어진다(그림 3-12).

목표한 표정을 탐색하는 효율성 지표는 목표물이 화면에 없을 때 버튼을 누르는 반응시간에서, 목표가 있을 때 버튼을 누르는 반응시간을 빼서 산출한다. 그 수치가 플러스로 클수록 목표한 표정을 보다 민첩하고 효율적으로 검출할 수 있다는 얘기다.

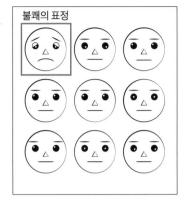
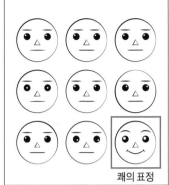

그림3-12 '쾌' '불쾌'의 표정을 탐색하는 과제

그 결과, 사전에 실시한 문진표 조사에서 아이를 때리는 등의
행위를 할 위험이 있다고 판단된 엄마(리스크 있음)는 리스크가 없다
고 판단된 엄마와 비교했을 때 '불쾌의 표정'을 선택할 때 드는
시간에서 큰 차이는 없었다. 하지만 '쾌의 표정'을 선택할 때는
상당한 차이를 보였다(그림 3-13).

즉 '쾌의 표정 인지 곤란 → 아이가 애정을 표현해도 인지하지
못한다 → 불쾌의 표정을 인지할 기회가 상대적으로 증가 → 아
이가 언짢게 하거나 화내는 것을 더 잘 인지한다 → 때리는 등의
행위를 할 리스크가 높아진다'라는 고찰이 가능하다.

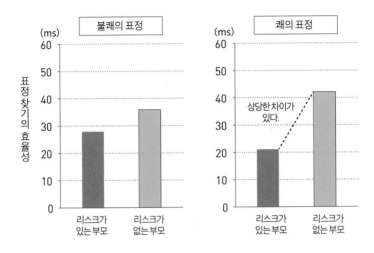

그림3-13 목표한 쾌·불쾌를 탐색할 때의 효율성

　이와 같이 부모의 심리상태를 관측하는 객관적인 지표가 확립된다면, 자녀 양육을 힘들어하고 멀트리트먼트를 가할 위험을 사전에 발견할 수 있게 될 것이다. 부모에 대한 지원체제를 보충함으로써 체벌 없이 아이와 마주할 수 있는 환경을 만들어 간다면, 부모의 뇌를 긍정적인 상태로 바꾸고 멀트리트먼트를 예방할 가능성이 생긴다. 우리는 앞으로도 이러한 연구개발에 전력을 다할 것이다. 4장에서는 부정적 연쇄를 끊기 위한 방책을 '부모지원'의 시점에서 살펴보기로 하자.

부모라는이름 부모의 뇌를 치유해야
아이의 뇌가 달라진다

부정적 연쇄를 끊기 위한 부모지원

부정적 연쇄를 끊기 위한 부모지원

법률개정으로 학대가 격감한 스웨덴

지금까지 멀트리트먼트를 다음 세대에 대물림하지 않기 위한 치료와 그와 관련된 연구에 대해 살펴보았다. 부모의 의식을 바꾸면 멀트리트먼트 없는 자녀 양육이 과연 다음 세대로 대물림될 수 있을까? 그 답은 일본보다 40년 일찍 이 문제에 대해 고민하고 해결책을 연구해온 스웨덴에서 찾을 수 있다.

스웨덴은 1979년에 자녀 양육 관련법을 개정하여 세계 최초로 아이에게 어떤 체벌도 심리적 학대도 할 수 없도록 법률로써 금지한 나라다. 그리고 이 법제화를 계기로 아이에 대한 학대를 격감시키는 데 성공했다. 주목할 것은 정부가 법 정비와 더불어 대대적인 계발캠페인을 전개한 것이다.

먼저 아이를 때리지 않고 키우기 위한 충고나 지원방법을 정리한 책자를 여러 언어로 작성하여 아이가 있는 모든 세대에 배포하였다. 또한 소아과, 임산부 클리닉 등과 협력하여 폭력 없는 육아를 할 수 있도록 적극적인 지원을 지속하여 실시하였다. 당사자만이 아닌 사회 전체의 의식향상을 위해, 우유팩에 계발문구를 인쇄하고 공익광고를 제작하여 방송함으로써 아이의 생명과 행복 그리고 존엄을 지킬 필요성을 호소하였다. 그 결과, 체벌에 대한 사회의 인식이 크게 달라졌다.

1960년대에는 체벌을 용인하는 사람이 50%를 넘었고, 실제로 체벌을 하는 사람이 90% 이상이었는데, 법률이 사회에 침투되고 캠페인 등의 계몽운동이 결실을 본 덕분에 체벌을 용인하는 사람도, 실제로 체벌을 가하는 사람도 해마다 감소하였다. 2000년대에 들어서는 무려 각각의 비율이 10%대까지 감소하였다(그림 4-1).

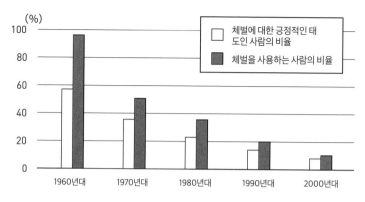

출처: 세이브더칠드런 재팬「아이의 몸과 마음을
상처 입히는 체벌 없는 사회를 위해」에서

그림4-1 스웨덴의 체벌에 대한 의식 변화

좋은 자녀 양육도 대물림된다

스웨덴이 체벌을 법률로 금지하기까지의 여정은 결코 순탄하지 않았다. 하지만 개정법이 성립된 지 40년이 흐른 지금, 스웨덴에서는 체벌이 없는 환경에서 자란 아이들이 부모가 되어 다음 세대의 아이들을 양육하고 있다. 그래프 수치에서도 알 수 있듯이 아이에 대한 체벌은 확연히 감소하였다. 멀트리트먼트가 세대 간에 대물림되는 것과 마찬가지로 좋은 자녀 양육도 세대 간 대물림이 된다.

스웨덴에서는 학대가 격감하자, 젊은층의 범죄도 감소하는 경향을 보였다고 한다. 스웨덴 범죄방지위원회의 보고에 따르면, 1990년대 이후 젊은층의 절도나 기물파손 같은 범죄가 감소했다. 이 위원회에서는 범죄감소에 공헌한 요인으로 가정환경의 개선, 즉 부모의 폭력 감소, 부모와 자녀 간의 안정된 애착관계 등을 들고 있다.

'체벌금지'가 일본에서도 드디어 법제화

스웨덴이 성공한 가장 큰 요인은 법 정비를 계기로 부모뿐만 아니라 사회 전반이 아이에 대한 폭력을 용인하지 않았다는 점이다. 사회의 인식을 바꾸기 위해서는 국가 차원의 노력이 요구된다.

2018년 10월 현재 54개국이 가정을 포함한 모든 현장에서 아이에 대한 체벌을 법률로 금지하고 있다. 1983년에 법 개정을 실현한 핀란드에서는 체벌을 용인하는 비율이 47%(1981년)에서 15%(2014년)로, 2000년에 법을 개정한 독일에서는 가볍게 뺨을 때리는 정도의 체벌을 용인하는 비율이 83%(1996년)에서 25%(2008년)로 감소하였다. 사람들의 의식에 큰 변화가 나타났음을 보여준다.

한편 일본은 아동학대 방지법으로 아이에 대한 학대를 금지하고, 학교교육법 제11조에서는 학교에서의 체벌을 금지하고 있지만, 가정에서의 체벌을 명확히 금지하는 법률은 지금까지 없었다. 개정 아동학대 방지법, 개정 아동복지법이 성립된 것은 2019년 6월의 일이다. 2020년부터 법이 시행되어 이제 가정 내에서 부모가 아이에게 체벌을 가하는 것이 법적으로 금지되었다.

　지금까지 체벌로 인해 상처 입은 아이들의 수를 생각하면 너무 늦었다는 것이 내 솔직한 소감이지만, 체벌을 금지하는 55번째 나라가 되었다는 사실은 아이들을 위해서도 나라의 장래를 위해서도 바람직한 일이다. 또한 이 법률에는 학대한 부모를 대상으로 재발 방지를 위해 교육하도록 하는 규정도 마련되어 있다. 아이를 벌하는 '징계권'에 대해서는 시행 후 2년째에 삭제를 검토하도록 법제심의회에 위임할 수 있게 되었다.

　개정 아동학대 방지법, 개정 아동복지법은 부모만이 아니라 아동양육시설을 비롯한 복지시설 직원 등 아이의 양육에 관여하는 모든 사람에게 적용된다. 법을 바로잡음으로써 사회의 인식이 바뀌고 '체벌은 폭력'이라는 사실이 보다 더 적극적으로 인지된다면, 아이를 대하는 어른의 태도를 돌아보고 바로 잡아가는 데 아주 바람직한 첫걸음이 될 것이다.

부모가 되면서 뇌는 극적으로 달라진다

멀트리트먼트를 과학적으로 예방하기 위해서는 부모의 뇌 기능에 대해 좀 더 다각적으로 조사할 필요가 있다. 최근 양육행동을 끌어내는 뇌의 메커니즘에 대해서도 다양한 사실이 판명된 바 있다.

지금까지 미국 및 유럽에서는 출산한 여성의 뇌는 이른바 '마미 브레인(엄마의 뇌)'이라는 독특한 상태가 되어, 기억력이 쇠퇴하는 등 뇌 기능이 둔해진다는 설이 있었다. 우리는 이를 '산후건망증'이라고 부르기도 한다. 하지만 최근 뇌 과학 연구에서 여성은 엄마가 되면 뇌에 극적인 변화가 생겨 자녀 양육에 필요한 능력이 향상된다는 결과가 나왔다. 그렇게 향상된 능력 중 몇 가지는 그대로 노년기까지 계속된다는 설이 있으니 놀라울 따름이다.

임신기에서 산후에 걸쳐 여성의 체내에서는 극적인 호르몬 변동이 일어나는데, 그 영향으로 뇌 기능과 구조가 재구성된다. 임신, 출산, 양육이라는 경험에 충분히 적응할 수 있도록 뇌 기능에 변화가 일어난다는 것이다. 이 같은 변화가 여성의 심리적 건강에 크나큰 영향을 미치는 것은 분명한 사실이다.

출산을 계기로 기억력과 학습능력이 향상된다

임신기 여성의 체내에서는 내분비의 변동이 일어나고, '에스트로겐'과 '프로게스테론'이라는 여성호르몬의 분비량이 서서히 증가한다. 이 두 호르몬은 출산 직후 급격히 감소하는데, 이와 동시에 유즙 생산을 촉진하는 프로락틴 농도가 올라가고 자궁수축을 촉진하는 옥시토신이 분비된다.

미국 리치먼드대학 심리학부의 카이저 마커스(Kaiser Marcus) 교수의 연구에 따르면, 에스트로겐과 프로게스테론이 증가하면 여성의 뇌내에서는 내측시색전야(그림 4-2)의 신경세포가 커지고, 신경신호를 받아들이는 역할을 하는 수상돌기의 수가 증가할 뿐 아니라 길이도 길어진다는 사실이 밝혀졌다.

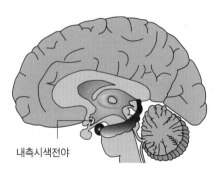

내측시색전야

그림 4-2 내측시색전야

내측시색전야는 양육행동을 촉구하는 데 상당히 중요한 역할을 하는 부분으로 알려져 있다. 센슈대학의 도키타 켄이치 교수의 연구에서 내측시색전야의 활동이 억제된 어미쥐는 자신의 새끼를 공격하게 된다는 결과가 나왔다.

마찬가지로 옥시토신도 해마의 뉴런과 뉴런의 장기적인 결합을 촉진한다. 해마는 감정뿐만 아니라 기억과 학습을 관장하는 부위다. 구마모토대학의 도미자와 가즈히토 교수는 뉴런의 결합이 강해지면 기억력과 학습능력이 향상된다는 가능성을 제시했다.

반면 이런 내분비의 변동이 양육행동의 파탄을 초래하는 경우도 있다. 예컨대 출산 후의 엄마를 조사해보면, 7명 중 1명은 우울증 증상으로 고생한다. '산후 우울증'이라고도 불리는 증상이다. 불안, 고독, 슬픔, 초조함 그리고 불면증 같은 증상이 많이 나타난다. 이런 증상을 유발하는 위험요소로 내분비의 변동이 거론된다.

하지만 대체로 임신, 출산, 양육을 하는 여성의 뇌 변화는 대부분 자녀 양육에 필요한 능력의 강화와 연관이 있다고 본다. 이는 아주 놀라운 사실이다. 이제부터 자세히 살펴보자.

복수의 일을 동시에 처리하는 '엄마의 뇌'

미국 리치먼드대학의 크레이그 킨즈레이(Craig H. Kinsley) 교수, 랜돌프-메이콘대학의 켈리 랜버트(Kelly G. Lambert) 교수는 2006년에 엄마의 뇌에 관한 흥미로운 연구결과를 발표하였다. 엄마가 된 여성의 뇌는 기억력과 학습능력이 강화될 뿐 아니라 공간을 파악하는 능력과 공포나 스트레스반응을 제어하는 힘이 향상된다는 것이다. 이는 실험쥐를 사용한 실험에서도 증명되었는데, 새끼를 키우는 어미쥐는 미혼의 쥐에 비해 시각, 후각, 촉각 등 자극을 감지하는 능력이 높다는 결과도 있다.

이뿐만 아니라 새끼를 키움으로써 어미쥐의 멀티태스크 능력(복수의 작업을 동시에 빠르게 실행하는 능력)이 향상된다고 보고 있다. 새끼를 키우면서 먹을 것을 찾으러 갈 때, 어미쥐는 새끼를 남겨두고 잠시 집을 떠나야 한다. 단시간에 효율적으로 먹이를 구해 집으로 돌아오기 위해서는 집을 둘러싼 공간정보를 정확하게 파악하고 있어야 한다. 때로는 위험을 무릅쓰고 위험한 길을 선택해야 할 때도 있을 것이다. 그럴 때는 공포심을 억누르고 용감하게 맞서지 않으면 안 된다. 어미쥐의 뇌의 변화는 어미와 새끼쥐의 생명을 지키기 위해 필요불가결한 적응이었다고 할 수 있다.

이외에 스웨덴 웁살라대학의 마린 긴넬(Malin Gingnell) 교수가 2015

년에 발표한 연구에 따르면, 엄마인 여성의 뇌는 엄마가 아닌 여성의 뇌에 비해, 가령 '공포의 표정' 같은 신변의 정보(사회정보)를 처리할 때 뇌의 도피질이나 하전두회의 활동을 더 증대시킨다는 사실이 밝혀졌다. 이는 엄마가 사회정보를 민감하게 받아들여 아이를 위험에서 지키고 생존확률을 높이기 위한 적응적 변화로 보인다.

'남성의 뇌'도 아빠가 되면 변할까?

포유류의 뇌가 이 정도로 발달한 것은 종을 보존하기 위해 엄마의 뇌가 환경에 적응하고 발달해온 덕분이라는 설을 주장하는 연구자도 있다. 그렇다면 남성의 뇌는 어떨까?

크레이그 킨즈레이의 논문에 따르면, 수컷도 새끼를 키운다고 알려진 원숭이 마모셋과 캘리포니아쥐를 이용해 조사해본 결과, 학습능력과 공간파악능력 등에서 아버지는 미혼의 수컷에 비해 더 높은 능력을 보였다고 한다.

부모가 된다는 것, 즉 생명을 키운다는 것은 남녀를 불문하고 일생일대의 큰일이다. 그런 변화에 민감하게 적응하여 보다 활발하게 임하도록 뇌가 변화하는 게 아닐까.

부모가 되기 위한 '양육 뇌'는 누구나 키울 수 있다

최근 젊은 층은 '자녀 양육'에 대해 '어렵다', '아이가 생기면(엄마는 특히) 사회에서 뒤처지게 된다'와 같이 부정적인 방향으로 생각하는 듯하다. 그것이 꼭 저출산의 주된 이유는 아니지만, 무시할 수 없는 풍조이긴 하다. 넓은 의미에서 '양육자 지원'을 고려한다면, 결혼 전의 젊은 층을 대상으로 하는 지원 적용 또한 충분히 의미가 있는 일이다.

청년기에 있는 미혼의 남녀도 '양육 뇌'를 키울 수 있다. 오사카의과대학의 사사키 아야코 교수의 실험으로 영유아와 스킨십을 하는 체험을 정기적으로 반복하면 실제로는 '부모'가 아니더라도 청각자극에 대한 감정과 주의 및 인지와 연관이 있는 양측 중전두회, 양측 섬(뇌), 양측 전대장회의 기능이 활발해진다는 사실이 밝혀졌다. 육아경험 유무를 떠나서 영유아와 접촉할 기회를 가지면 아이의 울음소리에 대한 민감성이 높아지고 정서적 반응을 표출하게 된다. 즉, 부모가 되기 위한 뇌신경회로가 발달하는 것이다.

현대의 우리 사회에서는 미혼의 성인이 아이를 접할 기회가 드물다. 언젠가는 부모가 될 사람이라도 자녀 양육에 대한 지식은 거의 백지상태라 할 만한 사람이 많다. 영유아와 함께하는 생활은 상상 이상으로 기력과 체력을 요구하는 일이다. 아이가 태어난 후부터가 아니라 더 젊을 때부터, 남녀 할 것 없이 '부모의 인성'을 키워두는 것도 자녀 양육 곤란이나 멀트리트먼트를 예방하기 위한 효과적인 방법이라 할 수 있다.

사회의 힘을 활용한 '공동육아'

'동종 부모역할(alloparenting)'이란 실제 부모 이외의 사람들이 힘을 합하여 아이를 키우는 것을 의미한다. 흔히 '공동육아'라고도 하는데, 나는 '함께 키우기'라고 부른다. '진짜 부모 이외의 사람'에는 조부모나 친척만이 아니라 혈연관계가 아닌 사람들도 포함된다. 지역사회에서 함께 사는 어른들의 도움도 받아가며 아이를 사회 전체가 키우는 것이다. 지금 그런 자녀 양육의 모습을 모색해가는 움직임이 일본 내에서도 서서히 확산되고 있다.

핵가족이 일반화된 현대사회에서는 '아이는 그 부모가 책임지고 키우는 것'이라는 생각이 지배적이다. 특히 엄마가 주로 돌봐야 한다는 인식은 지금도 여전히 강하게 남아 있다. 하지만 인류는 원래 생활의 기반이 되는 공동체 안에서, 시간 여유가 있는 어른들이 서로 도와가며 아이들을 키운 공동육아로 진화해왔다. 젊은 일꾼들은 가능한 한 사회에 공헌하고, 아이들은 많은 어른의 시선이 닿는 장소에서 집단생활을 배워가며 무럭무럭 자란다. '가족'이라는 작은 그룹에서 아이를 키우는 것이 아니라 일상생활을 함께하는 '지역사회' 전체가 아이를 키우는 것이다.

과거에는 공동육아였다

일본도 과거에 '집단 육아'를 했었다. 1900년대 전후를 돌아보자. 당시 사람들의 생활에 대해 써놓은 기록들을 보면, 여성들 대부분은 산후 회복이 어려워 많은 산모가 산후에 목숨을 잃었다고 한다. 여성에게 출산은 그야말로 목숨을 건 일이었던 셈이다. 바로 그런 시절에는 엄마를 잃은 아이들이 지역 공동체에서 함께 사는 어른들 손에 의해 컸다.

그런데 근대화가 급격히 진전되면서 자녀 양육의 양상이 바뀌었다. 근대의학의 발달로 출산으로 사망하는 여성은 서서히 감소하였고, 민법의 제정으로 가장을 중심으로 하는 '가족제도'가 법적으로도 정제되었다. 그 결과 공동육아라는 구조는 사회에서 사라지고 아이는 가정에서 주로 엄마가 양육한다는 사고방식이 정착되었다.

'3세아 신화'의 진실

지금이야 '모성애'라는 말이 당연한 듯 사용되고 있지만, 이 것은 20세기 초 서양에서 유입된 개념이다. 불과 얼마 전까지 '아이는 3살까지는 엄마의 절대적 사랑 아래서 커야 한다'는 일 명 '3세아 신화'를 소리 높여 외쳤다.

뇌의 발달과 애착 형성이라는 관점에서 보면, 유소년기에 특 정 어른과 안정된 관계를 맺는 것은 무엇보다 중요하다. 하지만 그 역할은 엄마만 맡아야 하는 혹은 엄마만 할 수 있는 것은 아 니다. 여성의 뇌 기능을 보더라도 산후의 여성이 혼자 아이를 돌 보는 것은 몸과 마음에 큰 부담이 된다.

예를 들어 아이를 갓 출산한 엄마는 세로토닌이라는 신경전 달물질이 감소한다. 세로토닌이 부족하면 기분이 가라앉기 쉽 고 우울증 등의 기분장애를 일으킬 우려가 있다. 그럴 때 누구의 도움도 못 받고 혼자 힘으로 서툰 육아에 매달리다 보면 심신의 건강을 해칠 뿐 아니라 아이에 대한 멀트리트먼트로 이어질 위 험도 높아진다.

그렇다면 아빠의 경우는 어떨까? '아빠육아'라는 말이 생겨날 정도로 아빠가 육아에 적극적으로 참여하는 가정이 늘고 있다. 하지만 아빠들 중에도 아이와 1 대 1로 매일 함께 지내다 보면 정신적인 폐쇄감이 증가할 뿐 아니라 '누구도 인정해주지 않는다', '이런 하루하루를 사는 건 견딜 수 없다' 하고 우울증 비슷한 증상을 갖는 사람도 있다.

인간은 사회적인 동물이다. '일과 생활의 균형'이라는 말은 '일하는 방법의 개혁'이라는 측면에서 사용되는 경우가 많은데, 그 반대 역시 마찬가지다. 인간은 적당히 사회와 관계하고 사회를 위해 일함으로써 심신의 건강을 유지할 수 있다. 인간은 부모와 자녀라는 폐쇄적인 관계만으로 매일을 살아갈 수 없도록 만들어졌다고 해도 과언은 아닐 것이다. 한 아이를 다수의 어른이 함께 키우는 것, 즉 공동육아는 생물학적으로 보아도 아주 합리적이다.

공동육아는 아이의 뇌를 활성화시킨다

공동육아의 장점을 과학적으로도 증명하기 위해 우리 연구실에서는 부모 이외의 어른들과 연계하여 키우고 있는 아이들의

뇌 기능에 대해 조사하였다. '부모 이외의 어른들과의 연계'로
는 예컨대 다음과 같은 것을 들 수 있다.

- 조부모도 자녀 양육에 참여하고 있다.
- 어릴 때부터 어린이집 보육교사도 자녀 양육에 참여하고 있다.
- 방과후 돌봄 등, 부모 이외의 어른들도 자녀 양육에 참여하고
  있다.

부모 이외의 양육자와의 관계가 풍부한 아이는 뇌내의 '상두
정소엽'이나 '안와전두피질'의 기능이 활발해진다. 관계하는 양
육자의 수가 많을수록 그 경향이 현저하게 나타난다는 사실이
밝혀졌다(그림 4-3).

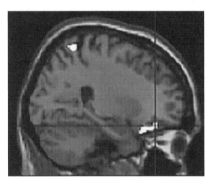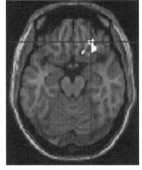

그림4-3 하얀 부분은 안정되었을 때의 활동이 높은 상두정소엽과 안와전두피질

아이의 사회성도 발달

우리 연구실은 평균 8세 전후의 어린이 46명의 뇌 기능을 조사하였다. 상두정소엽은 두정연합 영역의 상부에 위치하고, 자기 몸의 움직임을 파악하거나 신체 외부와의 거리감을 측정할 때 기능하는 것 외에도, 자신의 행동이 어떤 결과를 초래할 것인가를 예측하는 실행기능과도 깊은 연관이 있는 곳이다.

안와전두피질이란 감정조절이나 동기부여 기능에 깊이 관여하는 부위로, 편도체나 해마 그리고 시상하부와 선조체 등과도 밀접하게 연결된 곳이다. 이 부분의 기능이 약하면 충동적으로 행동하기 쉽고 타인에 대한 공감능력이 떨어지는 경우가 있다. 선행연구에서는 트라우마로 인해 이 부위가 위축된다는 사실이 밝혀졌다. 즉, 많은 사람과 관계를 맺으면서 자라는 것은 아이의 뇌 성장에 좋은 영향을 미쳐서 사회성도 발달한다고 할 수 있다.

어릴 때부터 어린이집에 아이를 맡기는 것에 대해 '부모와 아이의 관계가 불안정하진 않을까?', '애착이 잘 형성되지 않으면 어쩌지?' 하고 걱정할 필요는 없다. 일이 됐든 봉사활동이 됐든 부모 자신도 사회와 꾸준히 관계하며 생활하고 아이는 믿을 수 있는 사람에게 맡긴다. 그리고 아이와 재회했을 때 충분한 스킨십 시간을 갖고 애정을 쏟는다. 이것은 부모와 아이 모두에게 좋은 방법이라고 할 수 있다.

저출산 시대라고는 하지만 지역에 따라서는 어린이집 입소를 줄 서서 기다리는 아이가 많다. 아이의 건강한 성장과 부모의 마음 건강을 위해서도 정부는 자녀 양육 지원을 위한 인프라를 정비하는 데 보다 더 주력할 필요가 있다.

공동육아를 정착시키기 위한 지원체제의 정비

인프라의 관점에서 보면, 공동육아를 기능적으로 실현하기 위해서는 지자체가 중심이 되어 자녀 양육 세대를 종합적으로 지원하는 체제를 만드는 것이 중요하다. 하지만 현재로서는 하나의 지자체 내에 자녀 양육을 지원하는 부서가 몇 개씩 있다고 하더라도, 각 부서가 연대하면서 지원을 추진해가는 시스템은 마련되어 있지 않은 상태다. 아쉽게도 많은 행정조직이 이른바 '수직구조'다. 예컨대 모자보건이나 정신보건 혹은 아동복지와 같은 각각의 부서가 상호 정보를 공유하지 않은 채 따로따로 일하는 실정이다.

기껏 지원하기 위한 훌륭한 기관을 마련해놓고 활용하지 못하고 있으니 안타까울 따름이다. 수직구조의 문제점을 파악하고 지자체의 조직을 재구축하면서 자녀 양육의 현실에 맞는 지원체제를 정비하는 것이 급선무다.

멀트리트먼트 예방을 목적으로 한 공동육아 지원

지금까지 우리 연구실에서는 과학기술진흥기구(JST)의 사회기술연구개발센터(RISTEX) 프로젝트의 일환으로 '부모를 비롯한 양육관계자의 멀트리트먼트를 예방하고 어떻게 자녀 양육을 지원할까'에 대해 과학적 견지에서 연구를 추진해왔다. RISTEX는 사회의 구체적인 문제 해결에 이바지할 목적으로 여러 방면에 걸쳐 연구개발 프로젝트를 추진하고 있다. 연구 성과를 실제 자녀 양육 현장에서 유용하게 활용하기 위해서는 행정과 더불어 공동체와 적극적으로 협업하는 것이 무엇보다 중요하다.

그래서 우리 연구실은 오사카부 '마음의 건강종합센터'와 협력하여, 오사카부의 히라카타 시와 도요나카 시에서 '지자체에서의 멀트리트먼트 예방모델'을 구축하고 있다. 이 두 도시에서는 앞서 언급했던 '수직구조'의 오랜 관습을 없애고, 자녀 양육과 가족의 건강을 지원하는 부서가 연대함으로써 멀트리트먼트를 예방하도록 주력할 수 있는 시스템의 구축을 추진하고 있다.

이곳 두 도시를 선택한 이유로는 보건소를 설치하는 중핵도시라는 점, 보건사나 정신보건복지 상담원 같은 전문직이 같은 지자체 내에 소속되어 있다는 점, 모자보건·정신보건·아동복지 세 분야가 연대하여 자녀 양육 가정을 지원하기 쉽다는 점 등이 있다.

아이에 대한 멀트리트먼트를 예방하기 위해서는 자녀 양육 곤란에 빠지기 전에 부모가 안고 있는 건강문제, 경제상황, 육아의 현상, 가족관계 등을 한시라도 빨리 파악하여 필요한 지원을 하는 것이 중요하다. 그리고 모자보건·정신보건·아동복지 세 분야에 종사하는 전문가들이 멀트리트먼트 예방에 대해서 공통된 인식을 가지고 정보를 공유할 필요가 있다.

우선은 '멀트리트먼트'가 어떻게 아이의 뇌에 영향을 미치는가에 대해 지자체에서 일하는 사람들이 정확히 인지할 수 있도록 해야 한다. 자녀 양육 지원에 종사하는 모든 사람이 지식을 공유할 수 있도록 아이의 건강한 성장을 저해하는 멀트리트먼트에 대해 이해하기 쉽게 설명한 '계발자료'를 작성하는 것에서부터 시작한다. 이 자료를 팸플릿으로 제작하여 조력자나 기관 그리고 자녀 양육 가정에 배포하고 인터넷 등을 이용해 정보를 알린다. 그때 앞에서 말한 '공동육아'가 얼마나 중요한가에 대해서도 함께 주지시켜나가야 한다.

다음으로 지자체 안에서 다른 전문영역에 있는 사람들이 연대하여 각 가정을 지원하는 체제의 확립이 필요하다. 가족을 통째로 지원한다는 의식 전환을 위해 연수 등을 마련하기도 한다.

멀트리트먼트 예방을 위한 공통 인식을 가진 다음에는 행정이 자녀 양육에 대한 해결방안을 바꿔가야 한다. 그 결과 공동육아의 장점이 널리 침투하면 자녀 양육에 대한 사회의 의식을 바꿀 수 있다. 그렇게만 되면 자녀 양육 곤란에 빠지는 가정도 감소하고, 보다 더 좋은 자녀 양육 환경을 만들어갈 수도 있다. 중요한 것은 아이뿐만 아니라 부모에 대해서도 따뜻하게 다가가는 자세, 가족 모두를 지원한다는 자세다.

히라카타 시와 도요나카 시에서의 도전이 결실을 맺게 되면, 학대절감을 목표로 하는 '멀트리트먼트 예방모델'을 전국적으로 확대해나갈 생각이다.

아이의 시선과 타액으로 멀트리트먼트의 정도를 알 수 있다

마지막으로 우리가 지금 주력하고 있는 '아이를 지키기 위한' 최근의 연구를 소개한다. 우리 연구실에서는 멀트리트먼트의 위험인자인 '생물학적 지표(생체지표)'에 대해 연구하고 있다.

멀트리트먼트 경험이 있어 유아원 등에서 보호받고 있는 영유아 21명과 그런 경험 없이 일반가정에서 자라고 있는 영유아 29명을 대상으로 타액을 채취하여 생체지표를 측정하고 시선행동에 대해서 조사하였다. 어떤 인물이 화면에서 이쪽을 보고 이야기하는 영상을 아이에게 보여주고, 아이가 화면 속 인물의 어느 부분에 주목하는가를 시선계측장치를 사용하여 자동으로 해석한다.

대개의 아이는 사람이 이야기를 걸어올 때 상대방의 눈 주변을 주목한다. 이번 실험에서도 멀트리트먼트 경험이 없는 아이는 상대방의 눈을 주시하였지만, 멀트리트먼트 경험이 있는 아

그림 4-4 연구에 사용한 시선계측장치(Gazefinder®)

이의 경우에는 눈 주변을 주시하는 비율이 현저하게 낮았다.

그뿐만 아니라 멀트리트먼트 경험이 있는 아이의 경우에는 타액의 '옥시토신 농도'도 함께 조사하였다. 일반적으로 '애정 호르몬'이라고도 불리는 옥시토신은 임신, 출산, 수유에 관여하는 여성 특유의 호르몬으로 알려졌다. 하지만 최근 연구에서는 남성의 체내에도 마찬가지로 존재하며 신뢰관계나 애정형성과 같은 사회성 획득에 있어서 아주 중요한 역할을 한다는 사실이 밝혀졌다. 이 호르몬이 부족하면, 타인과의 관계에 불안을 느끼고 우호적인 대인관계를 맺기 어렵거나 그것을 유지하기 어렵다.

이 연구로 분명해진 것은 사람의 눈 주변을 주시하는 비율이 낮은 멀트리트먼트 경험 아동일수록 타액의 옥시토신 농도가 낮다는 사실이다[그림 4-5]. 이것은 시선계측장치를 통한 해석과 타액의 옥시토신 농도가 타인과의 관계의 질을 객관적으로 평가하는 생물학적 지표가 될 수 있음을 시사한다.

생물학적 지표로 멀트리트먼트의 유무와 그 정도를 명확히 알 수 있다면, 아이의 뇌 상태와 마음의 상태를 '시각화'할 수 있게 된다. 이렇게 얻은 결과를 토대로 아이들 각자에게 맞는 적합한 조기치료를 할 수 있는 것도 머지않아 현실이 될 것이다.

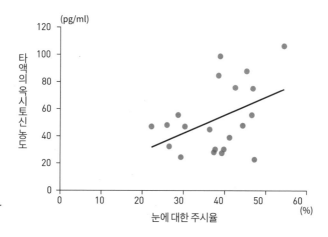

그림4-5 눈에 대한 주시율과 옥시토신 농도의 관계성을 나타내는 근사직선

멀트리트먼트로 유전자의 기능도 변화한다?!

2019년 5월 9일에 영국과학잡지『신경정신약리학(Neuropsycho-pharmacology)』에 게재된 최신 연구를 소개한다. 우리 연구실 소속 후지사와 다카시는 미국 에모리대학의 니시타니 쇼타(현재 후쿠이대학), 아리시아 스미스 등과 함께 '멀트리트먼트가 아이에게 어떤 영향을 미치는가'에 대해 연구했다. 그때도 옥시토신에 주목했다.

먼저 멀트리트먼트를 경험한 아이와 아닌 아이를 비교하고,

옥시토신을 수용하는 세포의 DNA에 어떤 차이가 생기는가를 조사하였다. 선천성을 특징 짓는 DNA는 A^(아데닌), T^(타이민), C^(사이토신), G^(구아닌) 4개의 염기^(산과 반응하여 소금을 만들어내는 화합물)로 구성되어 있다. 이 DNA 정보에 기초하여 부모가 아이에게 전해주는 특징이 '유전형질'이고, 이를 결정짓는 인자가 '유전자'다^(그림 4-6).

이 연구에서는 멀트리트먼트를 경험한 아이 44명^(평균연령 11.4세)과 경험하지 않은 아이 41명^(평균연령 14.5세)의 타액을 채취하여 20곳에서의 DNA를 비교하였다. 그랬더니 DNA에서 RNA^(리보핵산)를 합성하는 프로세스와 연관이 있는 영역 중 'CpG5, 6'이라고 불리

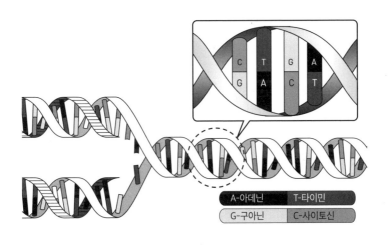

그림 4-6 DNA의 이중나선

는 특정 영역에서 멀트리트먼트 경험이 있는 아이는 멀트리트먼트 경험이 없는 아이에 비해 1.4배의 확률로 '메틸화'라는 현상이 일어났다(그림 4-7의 색칠 부분).

메틸화란 유전자가 있는 부분에 '메틸기'가 붙는 현상인데, 그러면 스위치가 꺼지듯 그때까지 'ON'이었던 것이 'OFF'가 된다. OFF가 되면 유전자의 기능이 억제된다. 즉 메틸화로 인해 애착 형성에 관여하는 옥시토신이 기능을 발휘하기 어렵게 된다.

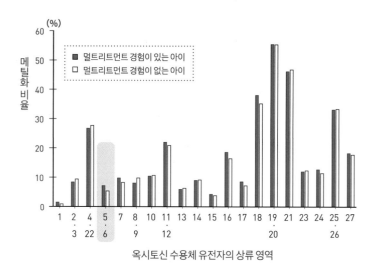

그림4-7 옥시토신 수용체 유전자의 DNA 메틸화의 차이

옥시토신 부족으로 '애착불안'이 높아진다

뇌의 MRI 촬영에 동의한 멀트리트먼트 경험이 있는 아이 24명과 멀트리트먼트 경험이 없는 아이 31명의 촬영 결과를 분석했더니, 경험이 있는 아이는 없는 아이에 비해 좌뇌의 안와전두피질 일부에서 신경세포가 집결되어 있는 회백질 용적이 작아져 있다는 사실이 밝혀졌다(그림 4-8, 4-9). 안와전두피질은 옥시토신의 수용체가 많이 존재한다고 알려진 부위다. 즉, 멀트리트먼트 경험이 옥시토신 수용체의 DNA 메틸화를 유도하는 것으로 보인다. 더불어 이 부위가 작은 아이일수록 '애착불안(불안한 기분이나 공허한 기분)'의 정도가 높은 상태라는 걸 알 수 있었다.

이번 연구 결과는 멀트리트먼트로 인해 생긴 애착장애의 배경에 유전자상의 후천적 변화(생후 스위치가 OFF가 됨)가 있다는 사실을 시사해주고 있다. 다행히 이 메틸화에는 '가역성'이 있다. 스위치를 없애고 원래 기능으로 되돌릴 가능성이 있다. 이것을 '탈메틸화'라고 하는데, 탈메틸화함으로써 OFF였던 스위치를 ON으로 돌릴 수 있으면 DNA의 기능도 회복된다고 본다.

뇌 기능의 개선과 애착의 재형성에 효과가 있음이 실제로 증명된다면, 멀트리트먼트를 경험한 아이의 마음의 병에 대해 유전자 차원에서의 치료법을 찾아낼 가능성이 있다. 그야말로 획

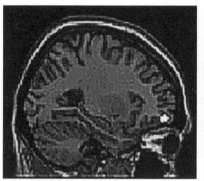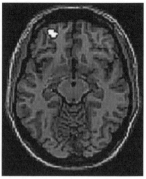

그림 4-8 하얀 부분은 옥시토신 수용체인 DNA의 메틸화로 인해
용적면이 작아진 좌뇌의 안와전두피질

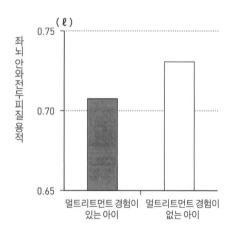

그림 4-9 멀트리트먼트 경험이 있는 아이와 없는 아이의
좌뇌 안와전두피질의 용적 차이

기적인 일이 아닐 수 없다.

옥시토신 점비약으로 뇌 기능이 개선된다

옥시토신과 애착장애의 관계성을 파악한 후 다음과 같은 실험을 해보았다. 애착장애 아동 25명(평균연령 13.3세)과 정상발달 아동 28명(평균연령 12.9세)에게 옥시토신을 딱 한 번 코에 떨어트리고, 투여 전후의 뇌 '보수계'의 활동량을 fMRI를 이용해 비교하였다. 이때 약 성분이 들어 있지 않은 플라세보(가짜) 약도 투여하여 옥시토신 점비의 효과와 비교했다.

'보수계'란 기쁨과 쾌락을 느낌으로써 행동과 학습의 동기로 연결 짓는 역할을 하는 도파민 신경회로의 집약체를 말한다. 이 중에 있는 '선조체(그림 4-10)'는 욕구가 충족되었을 때, 앞으로 충족되려고 할 때 활성화한다. 애착장애 아동은 이 보수계의 반응이 낮아 기쁨이나 쾌락을 느끼기 어렵다는 사실이 분명해졌다.

연구 결과, 한 번의 옥시톡신 투여로 애착장애 아동의 좌뇌 복측선조체에서 보수계의 반응개선이 관찰되었다(그림 4-11). 그것도 증상이 중증인 아이일수록 뇌에 미치는 작용이 강하다는 사실을 알았다. 한편 가짜 약을 사용했을 때는 그 효과가 나타나지

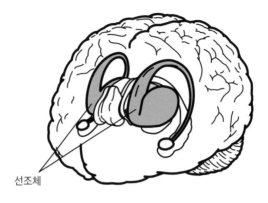

선조체

그림 4-10 선조체

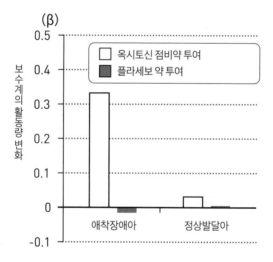

그림 4-11 2종류의 점비약에 의한 효과(평균치)

않았다. 일본에서는 아직 애착장애에 대해 옥시토신 점비약의
투여가 인정되지 않지만, 앞으로 애착장애를 일으키는 뇌의 신
경생물학적 기반을 밝혀 치료약을 개발하도록 할 것이다.

과학으로 사회를 바꾸는 시도

과학은 증거가 분명한 만큼 뇌나 심리상태를 정확히 제시할
수 있다는 강점이 있다. 지금까지처럼 '공동육아'의 계발을 위
해 힘쓴 것과 같이 사회를 바꿔가려고 할 때, 사람들에게 설득력
있는 근거를 제시할 수 있다.

마찬가지로 멀트리트먼트를 받으며 자라온 부모의 마음의 상
처가 얼마나 깊은가에 대해 알아볼 때에도 과학이 도움이 된다.
'마음'이라는 보이지 않는 것을 '시각화'할 수 있다. 과학은 세상
을 바라보는 방법을 바꿀 수 있는 것이다. 앞으로도 다양한 관점
에서 연구를 진행하여, 마음의 상처를 가능한 한 빠른 단계에서
치유할 수 있다는 증거를 축적해가는 것이 우리 연구자들의 큰
사명 중 하나라고 생각한다.

부모라는 **이름**   부모의 뇌를 치유해야
아이의 뇌가 달라진다

아이를 지키기 위한
부모와 아이의 병행치료

의사 스기야마 도시로 + 도모다 아케미

아이를 지키기 위한 부모와 아이의 병행치료

의사 스기야마 도시로 + 도모다 아케미

'패턴'이 보이는 부모와 아이의 상처 입히기

도모다 : 스기야마 선생님은 지금까지 수천 명에 이르는 아이들의 마음의 병을 치료해오셨습니다. 저 또한 같은 치료를 하는 사람으로서 최근 10여 년간 마음의 병을 가진 아이들이 급증했다고 생각하는데, 선생님은 어떤가요?

스기야마 : 말씀하신 대로 멀트리트먼트를 둘러싼 문제는 2000년대에 들어 특히 늘어난 것 같아요. 옛날에도 적지는 않

았지만, 최근 너무 빨리 증가하고 있어요. 이건 더 이상 사회적으로 묵인할 수 없는 수준이라고 봅니다.

도모다 : 저출산으로 아이가 갈수록 줄어들고 있는데도 어느 의료기관이고 만원 상태라고 합니다. 애착장애나 발달장애는 가벼운 감기와는 달라서 두세 번의 진료로 증상이 호전되거나 하지 않잖아요. 그중에는 아주 시급한 아이들도 있는데, 저도 이 상황이 참 걱정입니다.

스기야마 : 문제는 뿌리가 아주 깊다는 거예요. 아이뿐만 아니라 부모 역시 마음의 병을 앓고 있는 경우가 많습니다. 아이를 치료하기 전에 해당 아이의 부모부터 치료하지 않으면 진전이 없어요.

도모다 : 부모도 아이도 마음에 상처를 입고 온몸으로 SOS를 발신하고 있다니 대체 어떻게 된 걸까요. 게다가 어느 가정이나 판에 박은 듯 비슷한 증상이 나타나고 있단 말이에요.

스기야마 : 맞아요. 진료하러 오는 부모와 아이의 관계에는 '패턴'이 있는 것 같아요. 부모의 이야기를 듣고, 또 그 부모 세대까지 거슬러 올라가 양육의 역사를 보면 대부분 폭력과 방임이 대물림됐다는 생각이 듭니다.

도모다 : 선생님은 전부터 '부모와 자녀의 병행치료'가 중요하다고 강조하셨잖아요. 거기에 저도 크게 공감하며, 아이를 진

료할 때는 부모뿐만 아니라 조부모 세대까지 거슬러 올라가서 가족의 세대 간 히스토리를 면밀하게 들으려 하고 있습니다. 그런데 의외로 멀트리트먼트 경험자가 많아요.

스기야마 : 아이뿐만 아니라 부모 또한 자기 부모와의 일그러진 관계에서 생성된 무서운 트라우마를 가지고 있지요.

도모다 : 임상현장에서는 부모와 자녀 한 세대만을 보지만, 실제로 비슷한 트라우마를 가지고 고통스럽게 사회생활을 하는 사람이 상당히 많지 않을까요?

전후세대에 현저하게 나타나는 트라우마

스기야마 : 요즘 부모 세대는 대부분 전후(戰後)세대에 해당하지요. 최근 '노인폭력'이 곧잘 문제가 되곤 하는데, 흥미로운 점은 10년에서 20년 전에는 중년폭력이 문제가 됐다는 겁니다. 그보다 조금 더 전에는 젊은이가 상당히 폭력적이라는 이야기가 있었지요. 조금 더 전이라고 하면 1970년대로 국가안보니 민주주의니 해서 학생들이 거리로 나서서 싸우던 시절입니다. 다시 말해서 전후세대 중 일부는 줄곧 거친 세상을 살아왔다고 봐야겠지요. 청년기에 길거리 투쟁을 했던 사람들이

중년이 되고부터는 중년폭력 세대가 되고, 또 노년기를 맞이한 지금에 와서는 노인폭력이 여기저기서 발생하고 있는 겁니다. 저도 전후세대의 말단 중의 말단에 해당하지만, 우리 세대보다 연령이 좀 낮아지면 갑자기 '온화한 세대'가 됐구나 싶습니다.

그런데 대체 왜 전후세대가 이렇게 황폐한 것인지 원인을 찾아보니 결국 '전쟁'에 도달하더란 말입니다. 우리 아버지 세대는 전쟁에 나갔잖아요. 전쟁의 트라우마를 안고 산 부모님 밑에서 자란 결과, 그들의 자녀는 온갖 문제를 물려받을 수밖에 없었던 거지요.

도모다: 물론 모든 사람이 다 그런 건 아니지만, 전후세대 중 일부는 마음의 상처가 깊은 부모로부터 멀트리트먼트를 받으며 자랐고, 이제는 그것이 그들의 트라우마가 되어 표출된다는 말씀이군요.

스기야마: 그렇습니다. 저의 아버지는 군의관이셨는데, 전쟁터에서 말 못 할 고생을 하셨을 겁니다. 평소에 '전쟁은 안 된다!'고 하시던 아버지가 술만 드셨다 하면 전쟁의 기억이 떠오르시는지, 우리는 그야말로 똑같은 이야기를 수천 번은 들었을 겁니다. 아버지는 전쟁터에서 말레이시아어를 배우셨나 봐요, 평소에는 조용하시던 분이 술만 드시면 말레이시아어

로 현지의 노래를 부르곤 했다니까요. 나중에 제가 트라우마
임상을 하게 되면서 '아, 그것은 트라우마였구나!' 하고 알게
됐습니다.

폭력의 트라우마가 더한 폭력을 낳는다

도모다 : '전쟁 트라우마'와 관련해서 미국의 베트남전과 걸프
전의 귀환병사에 대해 많은 선행연구가 있지요.

스기야마 : 별로 거론되진 않지만, 이런 통계가 있는데, 혹시
아세요? 2000년 전후의 미국에서 방임은 감소하지 않았는데
부모에 의한 자녀 폭력과 성적 학대가 감소했어요. 방임은 빈
곤문제와 연관된 경우가 많아서 격차사회(경제·사회 양극화)에 의한
빈곤층이 일정 정도 존재하기 때문에 감소하지 않는다고 봅
니다. 그럼 왜 신체적 폭력과 성적 학대가 감소했을까요? 그
건 귀환병사들이 부모세대에서 물러났기 때문이라고 해요.

도모다 : 80년대부터 90년대는 베트남전쟁과 걸프전쟁의 트라
우마를 가진 사람들이 아버지가 되어 항상 가정폭력의 불씨
를 안고 있었다는 의미일까요?

스기야마 : 폭력이란 아무것도 없는 데서 발생하지 않아요. 반

드시 '불씨'가 존재하지요.

도모다 : 그렇게 부모로부터 폭력을 당하며 자란 '피해자'가 이번에는 자신이 '가해자'가 되어 약한 사람에게 폭력을 행사하게 되지요. 물론 모든 사람이 부정적인 연쇄를 일으키는 건 아니지요. '나는 내 아이에게 절대 그렇게 하지 않을 거야!'라고 강한 의지를 가지고 아이를 키우는 사람도 있어요. 하지만 트라우마의 상처란 아주 뿌리 깊은 것이라서 자기도 모르게 과거에 부모에게 받았던 고통이 되살아나 다시 트라우마가 됩니다. 아이를 때리진 않더라도 어느새 심한 폭언을 내뱉거나 할 때가 있지요.

트라우마적 유대의 속박

스기야마 : 그런 부정적인 대물림을 '트라우마적 유대'라고도 합니다. 원래 아이에게는 부모를 비롯한 양육자의 곁이 가장 마음 편하고 안심할 수 있는 장소여야 해요. 그런데 양육자의 언행과 감정이 불안정하고 어쩔 땐 때리거나 무시한다면 당연히 아이는 불안할 수밖에 없지요. 항상 '전투태세'를 갖추고 있어야 해요. 언제 혼날지, 언제 매를 맞을지 안절부절못하

고 긴장의 끈을 놓지 못합니다. 그러다가 불길한 예감대로 양육자한테 욕설을 듣고 매를 맞습니다. 그런 경험이 매일같이 반복되면 부모와 아이의 애착관계는 일그러진 채 정착되고, 아이에게는 이 '부정적 유대'가 삶의 기반이 되어버리는 겁니다.

도모다 : 그렇게 되면 스스로에 대해서도 일그러지게 인지하지요. '너는 나쁜 애', '태어난 게 죄' 등의 말을 들으면서 자란 거나 마찬가지이기 때문에 자존감을 유지하기 힘들지요. 자존감이 낮으면 학교생활에서도 따돌림이나 힘든 일을 당했을 때 반박하지 못하게 됩니다.

스기야마 : 그러다 사춘기가 되면 '이런 환경은 이제 지긋지긋해!'라고 집을 뛰쳐나가는 아이도 있습니다. 그렇게 어른이 되고 결혼을 했을 때 남성의 경우에는 소중히 해야 할 아내와 아이에게 폭력을 휘두르면서 자기가 그토록 싫어했던 가정환경과 똑같은 관계를 만들고 말지요. 또 여성의 경우에는 폭력적인 남성에게 끌려서 결혼까지 하고, 역시 폭력을 당하며 살아가게 됩니다. 물리적으로 부모로부터 떨어져 나오더라도 심적으로는 트라우마적 유대의 속박으로 인해 결국 자신이 자라왔던 환경에서 벗어나지 못하는 겁니다.

도모다 : 그런 부분을 저는 '과학적으로 증명'하고 싶어요. 트라우마적 유대의 정반대 개념인 '애착'의 중요성을 과학적으로

증명하고 싶은 거예요. '부모와 자녀의 인연'이라고 하면 '너무 이상적'이라며 낯설어하는 사람도 있겠지만, 아이의 건강한 성장을 위해서는 '안전기지'가 되어줄 존재가 필요합니다.

이런 소년이 있었어요. 아버지가 어머니를 너무 심하게 때려서 어머니는 항상 얼굴이 부어 있었지요. 어느 날 어머니는 아이들을 데리고 집을 나가 먼 곳으로 이사를 갔어요. 그 후 사춘기를 맞은 소년이 여동생을 때리기 시작한 거예요. 아이들은 아버지가 어머니를 때리는 것을 목격했을 뿐 폭력을 당한 적은 없었는데도 말이지요.

스기야마 : 자기는 폭력을 당하지 않았는데 폭력을 행사하게 된 거군요.

도모다 : 제 진료실에 처음 왔을 때 그 소년은 전형적인 ADHD 증상을 보였어요. 부주의하고 충동성이 강하고 차분하지 못했지요.

스기야마 : 그 배경에는 애착장애가 있으니 치료도 일반적인 발달장애와 같을 수 없었겠군요.

도모다 : 네. 그리고 어느 순간부턴가 따돌림의 '가해자'가 되어 있었어요. 그런 폭력의 대물림도 패턴화되었다고 해야 할지……, 진짜 '시나리오대로' 되는 듯했어요.

스기야마 : 말씀처럼 사례를 접하다 보면 패턴이 눈에 빤하게

보인다니까요.

도모다 : 자신이 맞는 것도, 소중한 가족이 맞는 걸 목격하는 것도 아이들에겐 모두 견딜 수 없는 트라우마로 기억됩니다.

스기야마 : 그 대물림을 멈추기 위해서는 트라우마를 적절하게 치료하는 수밖에 없습니다.

가혹한 경험을 '재연'하는 부모들

도모다 : "플래시백은 과거의 일을 재연 혹은 재체험하는 것으로 가령 몇 년 전에 일어난 일인데도 마치 '지금' 일어나고 있는 것 같은 착각을 일으킨다"라고 설명해도 실제로 경험해본 사람이 아니면 상상하기 힘들 테지요.

스기야마 : 플래시백의 증상으로는 '언어적 플래시백'이 있어요. 부모에게 들은 폭언을 마치 부모가 빙의한 것 같은 어조로 똑같이 재현하지요. 눈매가 완전히 달라지기도 해요. '인지적 플래시백'은 가령 부모한테 줄곧 '넌 살 가치도 없어!'라는 말을 들어온 터라면 '나는 살아있을 가치도 없는 인간이다'는 생각이 시시때때로 떠오르는 거예요. '행동적 플래시백'은 갑자기 난폭해지거나 사람에게 폭력적으로 덤비곤 하는 건데,

이 역시 과거의 체험을 재현하는 겁니다. 마지막으로 '생리적 플래시백'이란 게 있습니다. 예를 들면 어떤 환자가 과거에 부모가 자기 목을 졸랐던 경험을 이야기하고 있는데, 실제로 그 사람 목에 손가락 자국 같은 것이 나타나는 거예요.

플래시백은 우리가 생각했던 것보다 훨씬 광범위하게 일어나고 있습니다. 그 점은 임상현장에서도 다 알지 못하기 때문에, 그에 대한 이해가 더 요구됩니다.

도모다 : 이런 플래시백은 멀트리트먼트를 당하는 아이뿐만 아니라 트라우마가 있는 부모에게도 일어나는 현상이라는 사실을 많은 분이 알았으면 좋겠어요.

스기야마 : 맞습니다. 멀트리트먼트의 가해자인 부모 자신에게 플래시백이 일어남으로써 아이에게 폭력을 휘두르기도 하고 폭언을 퍼붓기도 하지요.

도모다 : 그런 부모들은 어린 시절에 가혹한 경험을 했고, 그럼에도 살아남은 이른바 '멀트리트먼트 서바이버'인 겁니다. 마음의 상처는 밖에서는 좀처럼 보이지 않기 때문에 보통 결혼도 하고 아이도 낳습니다. 태어난 아기는 사랑스럽지만, 좀처럼 울음을 그치지 않거나 소리 지르며 떼를 쓰기도 합니다. 그럴 때 플래시백이 일어나면 자기가 어렸을 때 맞았던 일이 '지금' 되살아나면서 눈앞의 아이를 때리게 돼요.

스기야마 : 플래시백은 정말 골칫거립니다.

부모의 성장환경도 검증해야 한다

도모다 : 노다 시와 메구로 구에서 발생한 아동학대 사망 사건에서 부모에 의한 무자비한 학대가 아주 상세하게 보도되었는데, 부모들의 성장환경도 파악됐을까요?

스기야마 : 아까도 말했지만, 폭력은 아무것도 없는 데서 그냥 생겨나진 않으니까 아빠들의 어린 시절에 뭔가 있었던 게 분명합니다.

도모다 : 학대사건에 대해 보도할 때 부모가 자라온 환경에 대해서는 좀처럼 주목하지 않아요. 하지만 사회가 부모의 성장환경을 알고 검증해야 한다고 생각해요. 두 사건의 아버지는 가정폭력으로 아내를 지배하려 했고, 더 약한 입장에 있는 아이에게 폭력을 휘둘렀어요. 아버지를 그런 폭력으로 내몬 뭔가가 있었던 게 틀림없어요.

스기야마 : 그것도 역시 플래시백이겠지요?

도모다 : 네. 가해자를 '사이코패스'라는 잘못된 표현으로 규정 지어서 깜짝 놀랐어요.

스기야마 : 부모를 벌하는 것으로 끝낼 게 아니라 부모의 마음을 치유해 갱생하는 것이 중요합니다. 그것을 위해서라도 과거의 성장과정과 환경을 정리하여 트라우마를 치료해야 합니다.

부모와 자녀의 병행치료의 필요성

도모다 : 처음에 말씀드렸지만 선생님은 셀 수 없이 많은 아이와 그 부모의 트라우마를 치료해오셨잖아요.

스기야마 : 2001년에 아이치소아보건의료 종합센터에서 아동학대 전문외래를 시작했습니다. 그때까지도 아동학대의 경우를 진료하지 않았던 건 아닌데, 종래의 분석적 치료법으로는 전혀 효과가 없다는 걸 알았어요. 그래서 시행착오를 거듭하면서 현장에 적합한 '트라우마 치료' 방법을 모색해왔습니다. 학대를 당한 아이의 마음의 병 근저에는 두 가지 현상이 있어요. 하나는 '만성적 트라우마' 또 하나는 '애착장애'예요. 특히 이 애착장애가 있으면 마음의 병은 금세 심각해집니다. 치료에는 애착 회복이 중요합니다. 회복을 위해서는 애착의 제공자가 필요한데, 그때는 부모와 자녀가 함께하는 것이 지름길

이지요.

하지만 부모는 부모대로 아이에 대한 애착 형성을 걱정할 처지가 아닌 경우가 많아요. 온갖 트라우마를 끌어안고 살아온 경우가 많습니다. 과거에 통원했던 적이 있더라도 놀라울 정도로 오진이 많고, 증상과 무관한 약을 처방받은 경우도 있어요.

도모다 : '다중진단'도 많지요. 양극성 장애, PTSD, 약물중독, 자살기도, 만성 통증, 해리장애, 통합실조증(조현병) 등 한 사람의 환자에게 여러 가지 진단이 내려지는 거예요.

스기야마 : 맞아요. 진찰한 정신의학과 의사는 이 사람들이 멀트리트먼트의 서바이버, 즉 생존자라는 사실을 전혀 인식하지 못하고 있어요.

도모다 : 그러한 인식이 일반 정신의학과 의사들 사이에 일반화되지 않았기 때문에 어쩔 수 없는 일인지도 모르지요.

스기야마 : 표면적인 증상만으로 진단을 하니까 오진이 되는 거예요. 잘못된 치료를 계속하니까 증상은 한 치도 개선되지 않지요. 그러니 악순환만 되풀이될 수밖에요.

도모다 : 그래서 더더욱 아이만이 아니라 부모와 병행해서 치료할 필요가 있는 거지요. 그만큼 치료의 규모가 커질 테고요.

스기야마 : 부모의 트라우마를 처리하면서 동시에 아이의 트라우마도 처리한 다음, 부모와 아이 사이에 애착이 회복되도

록 하는 겁니다. 어떤 의미에서 아주 특수한 치료라고 할 수 있지요.

다시 말하지만 무엇보다도 손을 써야 할 것은 플래시백입니다. 적절한 치료를 하지 않으면 부모도 아이도 플래시백을 빈번하게 일으키게 됩니다. 그럼 난폭해지고 다치고 자해행위까지 하는 등 여러 가지 '사고'가 발생할 수 있어 위험합니다.

신체적 불쾌감을 없애기 위한 치료

도모다 : 플래시백 치료에도 여러 가지 방법이 있잖아요.

스기야마 : 치료할 때 본인은 힘든 순간을 떠올려야 해서 치료 직후에 특히 증상이 심해지거나 악몽을 꾸는 등의 '부작용'이 나타나기도 해요. 정말 견디기 힘든 상태에 빠질 수 있어요. 그런 부담을 가능한 한 줄일 수 있는 치료방법이 없을까 싶어 다양한 방법을 시험해봤어요. 그랬더니 종래의 정신의학과 치료와는 '정반대' 상황이……

도모다 : 정반대라고요?

스기야마 : 사실 처음에는 치료할 때 환자의 이야기를 안 들어요. 힘들었던 경험을 이야기할수록 본인의 증상이 악화되기

때문이지요. 물론 처음 진찰할 때는 어떤 증상으로 어떤 상태가 지속되고 있는지 상세하게 이야기를 듣지만, 일단 치료에 들어가면 '가능하면 떠올리지 마세요'라고 본인과 부모님께 부탁하지요. 그리고 더는 묻지 않아요. 정신증상에 대해서는 일단 차치하고, 신체적 불쾌감이나 위화감에 대해서만 치료의 초점을 맞춥니다.

도모다 : 신체적 불쾌감이라고 하면, 가슴 언저리가 꽉 막힌 것처럼 답답한 느낌 같은 거 말이지요?

스기야마 : 복잡성 PTSD 같은 마음의 병이 중증인 사람은 특히 플래시백이 많지요. 그럼 플래시백이 일어나지 않더라도 끊임없이 가슴께에 '불쾌한 느낌'을 갖게 돼요. 그럴 때 과거의 경험을 억지로 상기시키려고 하면 수습하기 힘든 상태가 올 수 있습니다. 하지만 신체적 불쾌감은 방법에 따라 제거할 수 있어요. 그리고 이 신체적 불쾌감을 없애면 의식 깊은 곳의 플래시백도 연동하여 사라집니다.

치료현장에서는 그 불쾌한 느낌을 제거하는 방법을 여러 가지로 연구해왔습니다. 내가 지금 사용하는 방법은 '좌우교차자극'과 '호흡법'을 조합한 '간이형 트라우마 치료'입니다.

약물요법도 중요하지요. 우선은 한방약에 아주아주 소량의 기분안정제를 복용하게 해서 트라우마의 내부압력을 완화시

킵니다. 그런 다음 일상적으로 고통받고 있는 플래시백에 대해 묻고 그것을 떠올린 순간 몸의 어느 부분이 뻐근하고 무거운지를 확인해요.

그런 다음 호흡법 연습을 합니다. 요가에서 하는 복식호흡이 아니라 흉곽을 크게 움직이며 하는 큰 호흡을 하게 합니다. 이미지를 떠올리자면 땅에서부터 '기'를 빨아올려 머리끝에서 위로 뻗어나간다는 느낌의 호흡이지요. 다음에는 불쾌한 기분이 드는 곳을 특정해서 그 주위를 환자에게 두 손으로 좌우 교대로 토닥토닥 치도록 합니다. 이것을 '태평'이라고 하는데, 20회 정도 교대로 하는 태평을 두세 차례 반복하면 플래시백의 압력이 조금 감소합니다. 이때 '조금'이라는 정도의 느낌이 들 때 그만두는 것이 치료를 장기화하는 포인트입니다. 첫 번째 활동은 이것으로 끝이에요.

도모다 : 진짜 간단한데요!

스기야마 : 이 정도의 활동으로도 트라우마 경험이 꿈에 나오기도 하고 불쾌한 플래시백이 계속되는 부작용이 있지만, 이것은 치료가 진전되고 있다는 증겁니다.

두 번째 활동부터는 '4세트법'에 의한 트라우마 치료에 돌입합니다. 두 손으로 태평하는 부위를 네 곳으로 나눠서 아래부터 순서대로 두드리는 방식이에요.

첫 번째 세트는 가슴 바로 아래에 위치한 양쪽 늑골 아래, 이 부위를 두 손으로 좌우교대로 20~30회 토닥토닥 태핑한 다음에 흉곽호흡을 합니다.

두 번째 세트는 쇄골 아래를 마찬가지 방법으로 20회에 걸쳐 교대로 자극하고 흉곽호흡을 합니다.

세 번째 세트는 후두부입니다. 목 뒤를 20~30회 교대로 두드리고 흉곽호흡을 합니다.

네 번째 세트는 정수리에서 아래를 향해 좌우교대로 쓸어내립니다. 이것을 20회 정도 한 뒤 흉곽호흡을 합니다.

참고로 두 번째와 네 번째 세트는 좌우 손을 바꿔가며 하는 것이 효과적입니다. 왜 효과적인지는 설명할 수 없지만, 저는 이 방법을 'TS(Traumatic Stress) 프로토콜 수동처리'라고 부릅니다.

도모다 : 선생님의 이 치료법을 우리 진료실에서도 사용하고 있습니다. 4세트 모두 실시해도 고작 몇 분밖에 안 걸려요. 하지만 효과는 아주 뛰어나서 대부분의 환자가 '마음도 몸도 아주 가벼워졌다', '개운하다'고 말합니다. 특히 아이들의 경우, 딱딱하게 굳어 있던 몸이 부드러워지면서 얼굴의 긴장까지 풀리는 듯했어요.

스기야마 : 불쾌한 감각이 남아 있을 때는 그 부위를 좌우교대로 2세트 정도 태핑을 더 해주면 개운하게 풀리는 것 같아요.

4세트를 2주 간격으로 4~5회 하면, 플래시백이 조금씩 바닥을 치면서 다음 치료가 가능해집니다. 우선은 이런 치료를 부모와 자녀가 병행해서 받도록 합니다.

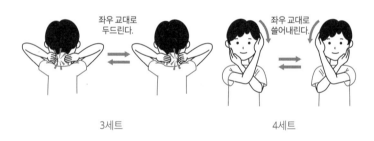

'4세트법'에 따른 트라우마 치료

'단시간에 조금씩 치료'를 반복하다

도모다 : 스기야마 선생님의 TS는 방법만 알아두면 누구라도 할 수 있다는 점이 정말 멋진 것 같아요.

스기야마 : 치료에 긴 시간을 들인다고 해서 반드시 효과가 있는 건 아닙니다. 이건 해마다 100명 단위로 치료해오면서 얻은 견해 중 하나예요. 간이형 치료법을 이용해서 조금씩 플래시백을 감소시켜가는 것이 딱 좋다고 봐요. 부모와 자녀를 병행해서 치료하더라도 이 방법이면 한 가족당 10분 정도가 소요되거든요.

도모다 : 10분이면 통상의 트라우마 치료법과 비교하면 진짜 짧네요.

스기야마 : 증상의 경중에 따라 다르지만, 처음에는 2주에 한 번으로 조금씩 트라우마를 치료해갑니다. 환자의 건강 정도에 따라 달라지지만 좀 좋아졌다 싶으면 안 오게 되거든요. 약속 시간 직전에 취소하는 환자도 많아요. 그러다 증상이 악화되면 다시 오기도 하고요. 그런 반복이 지속되는 동안 어느새 '졸업'하는 경우가 많습니다. 가정폭력이 있는 가족의 경우, 아이는 대개 1년, 어른은 2년 정도가 걸리는 것 같아요.

도모다 : 확실히 부모의 치료가 더 걸리는군요.

스기야마 : 하지만 후반이 되면 통원하는 횟수도 줄어들지요. 처음 4~5회, 플래시백 치료에 집중하고 나면 그 뒤의 치료는 정말 순조롭습니다.

도모다 : 무엇보다 플래시백이 일어나는 횟수가 줄어든 덕분에 일상생활에서의 문제들이 줄어들 테니까요.

스기야마 : 나머진 부모와 아이의 애착회복을 위한 치료 몇 가지를 합니다. 그럼 서서히 부모와 아이의 관계가 안정되어가지요. 그렇게 되면 외래치료를 졸업하게 되고, 우리는 환자를 기쁜 마음으로 배웅할 수 있지요.

도모다 : 그것이 바로 선생님의 성취감이겠군요.

자녀 양육 곤란에 빠지기 전에 시작해야 할 지원

스기야마 : 저는 아동정신의학과 의사인 만큼 아동을 치료하는 것이 메인이지만, 부모를 진찰하지 않고 아이를 치료할 수는 없습니다. 양쪽을 진찰하게 되면 아무래도 시간 조정이 필요해서 그만큼 물리적으로는 좀 힘이 듭니다. 그래도 이렇게 부모와 아이의 마음 건강이 일단 회복되어가는 것을 보면 감개무량합니다.

다만 부모와 아이가 그렇게 상처받기 전에 더 이른 단계에서 도와주지 못한 점이 아쉽습니다. 원래는 진료실을 찾기 훨씬 이전 단계에서 부모와 아이를 도울 방법이 있어야 합니다.

도모다 : 자녀 양육 지원의 중요성이 바로 거기에 있다고 생각합니다. 부모가 '자녀 양육 곤란'에 빠지기 전에 복지와 의료가 지원의 손길을 내밀 수 있다면, 아이가 마음의 병을 끌어안은 채 어른이 되는 일을 예방할 수 있겠지요.

스기야마 : 그게 정말 중요합니다. 멀트리트먼트가 아이의 뇌를 변형시킨다는 사실은 도모다 선생님의 연구로 널리 알려진 사실입니다. 학교에서도 발달장애와 비슷한 증상을 보이는 아이가 늘고 있고 어른은 그 대응에 골치를 앓고 있는데, 만약 그 증상의 배후에 멀트리트먼트에 의한 뇌 변화가 있을지 모른다는 의식이 자리잡힌다면 대응방법도 완전히 달라지지 않겠어요?

도모다 : 마음의 상처를 가능한 한 '시각화'하는 것이 저의 사명 중 하나라고 생각해요. 마음의 상처를 가진 사람은, 말하자면 '보이지 않는 깁스'를 한 것과 마찬가지거든요. 신체적인 부상을 입으면 목발을 짚거나 목에 깁스를 할 테고, 그럼 그것을 보는 사람은 '저런, 아프겠다', '조심하고 얼른 나으세요'라고 위로의 말이라도 하겠지만, 마음의 상처는 아무도 알아볼

수 없어요. 보이지 않는 상처를 눈에 보이게, 즉 시각화함으로써 그런 상처를 가진 사람들의 존재를 알고 지원해가는 구조를 만드는 것이 앞으로 우리 사회를 지탱하는 데 있어서도 아주 유용할 거라고 믿습니다.

자녀 양육을 지원하는 이들도 멀트리트먼트가 아이의 뇌에 미치는 영향과 트라우마에 대해 좀 더 자세히 알아둘 필요가 있습니다. 그런 계발활동을 위해 현재 오사카부 중심도시들과 연계해서 프로젝트를 진행 중에 있습니다. 최신의 과학적 견해를 올바르게 이해한 담당자들이 부모와 자녀를 지원하는 공적인 시스템을 일본 내에 확대시켜나가는 것이 저의 목표입니다.

자녀 양육은 혼자서는 할 수 없다

도모다 : 트라우마를 가지고 아이를 키우는 부모들은 정말 힘들 거예요. '자녀 양육 곤란'이 되기 전에 도움의 손길을 내밀어줄 사람을 찾아야 한다고 조언해주고 있습니다. 자신의 과거를 누군가에게 토로할 수 있어야 해요. 그것만으로도 상당히 도움이 되거든요.

공공기관의 자녀 양육 지원도 좋고, 가정폭력과 관련하여 활동하는 NPO단체도 있어요. 강습회나 강연 등에 나가보면 비슷한 경험을 한 사람들이 자신의 이야기를 할 수 있는 자리가 마련되기도 합니다. 그런 모임을 찾아 참가하는 것도 좋아요. 사람은 역시 다른 사람의 도움이 필요합니다. 혼자서는 살 수 없고, 혼자 아이를 키울 수도 없어요. 힘들 때는 의지하면 됩니다. 그것이 현대사회에서 결코 쉬운 일은 아니란 걸 알지만 말이에요. 힘든 일을 겪고 있는 사람이 스스로 도움을 요청하는 일은 쉽지 않습니다. 그러니까 더더욱 사회가 먼저 손을 내밀 수 있는 시스템을 만들어야 한다고 봅니다.

스기야마 : 자녀 양육 곤란에 빠진 데다 부모 자신도 멀트리트 먼트 경험을 가지고 있는 경우, 자녀 양육의 좋은 모델이 없어서 어떤 것이 좋은 자녀 양육인지 모르는 사람도 많습니다. 그 부분까지 감안해서 치료에 응할 필요가 있다고 봐요.

도모다 : 저도 한때는 아이 양육과 일을 양립하는 게 너무 힘들어서 포기하고 싶을 때가 있었어요. 그때 저는 부모님, 어린이집 선생님, 친구, 이웃집 등 주변 사람들에게 의지했어요. 딸아이들은 그분들의 애정을 받으며 자랐습니다. 제 입으로 말하기는 좀 그렇지만, 그 덕분에 두 아이 모두 참 잘 자랐어요.

스기야마 : 특정인과의 애착 형성도 꼭 필요하지만, 좋은 양육

이란 애당초 혼자서는 할 수 없는 것 같아요. 양육을 부모만의 문제라고 생각하면 안 됩니다.

도모다 : 우리 선조들은 공동으로 아이를 키웠습니다. 우리 DNA에는 집단이 서로 도우며 아이를 키우는 시스템이 잠재되어 있습니다. 힘들 때는 누구에게든 SOS를 보내면 됩니다. 다른 사람의 도움과 배려를 받음으로써 마음이 안정되면 반드시 아이에게 좋은 영향이 미치게 됩니다. 그런 만큼 의지할 사람이 없는 사람을 찾아서 지원해줄 수 있는 사회구조가 절실하다고 봅니다.

스기야마 : 그런 지원의 손길이 있으면 부모는 분명히 달라질 수 있습니다. 물론 현실이 그렇게 만만치는 않지만요.

도모다 : 확실히 만만한 현실은 아닐지 몰라요. 그래도 조금씩이라도 앞으로 나아가야 해요. 그러기 위해서 제 나름대로 여기저기 기웃거리면서 도움을 필요로 하는 사람은 없는지 찾아볼 생각이에요.

부모라는 이름

"혼자 다 하려고 애쓰지 마세요"

"혹시……, 도모다 선생님 아니세요?"

2019년 겨울, 어느 합동연구회에 초대받아 강연을 마치고 돌아오던 날의 일이다. 하네다공항으로 가는 모노레일 안에서 누군가 갑자기 말을 걸어왔다. 돌아보니 30대로 보이는 여성이 서 있었다. 주저하는 목소리긴 했지만, 곧게 뻗어오는 시선이 인상적이었다. 내가 고개를 끄덕이자 그분의 얼굴에 큼지막한 미소가 떠올랐다.

"아, 역시! 이런 우연이 있다니!"

그녀는 구마모토현에서 혼자 1박 예정의 도쿄여행을 마치고 집으로 돌아가는 길이라고 했다.

"선생님 책을 읽었어요. 아이 키우기가 너무 힘들어서⋯⋯."

공항까지 가는 20분간, 눈가에 눈물을 머금은 채 그 여성은 띄엄띄엄 이야기를 들려주었다. 어린아이들은 이만저만 손이 가는 게 아니다. 하루하루 뭔가에 쫓기는 것 같고, 제대로 되는 일은 하나도 없고, 스트레스는 쌓일 대로 쌓여 있는 상태여서 자신이 아이에게 하는 행동과 말들이 설마 멀트리트먼트는 아닐까 하는 불안감이 들었다고 한다. 그런 자신의 모습을 보고 남편이 여행이라도 다녀오라며 권했다는 것이다.

그녀의 이야기를 들으며 보통 여성들이 매일같이 가정에서 고군분투하는 모습이 눈에 선하게 떠올랐다. 한창 자랄 나이의 남자아이가 둘, 얼마나 힘이 넘치고 응석이 많을 때인가.

"정말 잘하고 계시네요!"

나도 모르게 이런 말이 튀어나왔다.

"도쿄에 와도 딱히 뭘 하고 싶다 하는 것도 없었어요. 그냥 일상생활에서 벗어나 느긋하게 혼자 여기저기 다녀볼까 싶었는데, 이렇게 선생님을 만나게 되다니!"

뭔가를 후련하게 토해낸 듯한 웃음이었다. 물론 집에 돌아가면 육아와 집안일들에 다시 쫓기게 되겠지만⋯⋯.

"혼자 다 끌어안을 필요는 없어요. 힘들 땐 가족이나 주변 사람들에게 도움을 요청하고 의지하세요."

그때 만났던 엄마는 지금쯤 어떻게 지내고 있을까? 분명 오늘도 즐거운 일 슬픈 일이 교차하면서 자녀 양육과 격투를 벌이고 있지 않을까? 자녀 양육의 길은 끝이 없고 멀다. 나 역시 그랬지만, 도전과 실패를 반복하면서 걸어가는 수밖에 달리 방법이 없다. 하지만 생각하기에 따라서는 사회를 지탱해갈 한 사람을 키워내는 일인 만큼, 그것만큼 창조적이고 꿈이 넘치는 일도 없지 않을까. 그런 자녀 양육의 즐거움과 어려움을 사회와 함께 나눠 갖는다면 얼마나 좋을까.

이 책의 간행을 위해, 시간을 내주신 스기야마 도시로 선생님께 다시 한 번 감사드린다. 앞으로도 선생님이 추진하고 계시는 부모와 아이의 병행치료에 적극 동참하고 싶다. 부디 이 책이 차세대를 짊어질 우리 아이들을 보호할 수 있는 길로 이어지길 바란다.

도모다 아케미